中等职业学校教育创新规划教材
新型职业农民中职教育规划教材

农业资源与环境概述

王振鹏　李彦芳　霍朝忠　主编

中国农业大学出版社
·北京·

内容简介

本书共分为两大模块六个项目，其中模块一　农业资源与环境要素包括土壤与土地资源、水资源及其有效利用、气候资源与气象灾害、种质及其他资源四个项目，模块二　农业资源利用及可持续发展包括农业资源利用、管理与集约化生产和生态农业与农业的可持续发展两个项目。每个项目先确定学习目标，对本项目进行项目任务描述，后分解为数个学习性工作任务。全书共计十八个学习任务，每个工作任务由学习准备、任务设计与实施、学习拓展、任务巩固等组成。为检查教师教学的过程与质量、学生学习的状态与效果，每个项目后安排了评价与反馈，要求师生共同客观完成。

图书在版编目(CIP)数据

农业资源与环境概述／王振鹏，李彦芳，霍朝忠主编．—北京：中国农业大学出版社，2015.12

ISBN 978-7-5655-1456-2

Ⅰ.①农…　Ⅱ.①王…②李…③霍…　Ⅲ.①农业资源-概论②农业环境-环境　Ⅳ.①F304.4②X21

中国版本图书馆 CIP 数据核字(2015)第 305279 号

书　　名　农业资源与环境概述

作　　者　王振鹏　李彦芳　霍朝忠　主编

策划编辑	张　蕊　张　玉	**责任编辑**	张　蕊
封面设计	郑　川	**责任校对**	王晓凤
出版发行	中国农业大学出版社		
社　　址	北京市海淀区圆明园西路 2 号	**邮政编码**	100193
电　　话	发行部 010-62818525，8625		读者服务部 010-62732336
	编辑部 010-62732617，2618		出　版　部 010-62733440
网　　址	http://www.cau.edu.cn/caup	**E-mail**	cbsszs @ cau.edu.cn
经　　销	新华书店		
印　　刷	北京俊林印刷有限公司		
版　　次	2015 年 12 月第 1 版　　2015 年 12 月第 1 次印刷		
规　　格	787×1 092　　16 开本　　11 印张　　200 千字		
定　　价	30.00 元		

图书如有质量问题本社发行部负责调换

中等职业学校教育及新型职业农民
中职教育教材编审委员会名单

编 写 人 员

主　编	王振鹏	邯郸农业学校高级讲师
	李彦芳	河北工程大学副教授
	霍朝忠	邯郸农业学校高级讲师
副主编	杨文霞	山东潍坊(寿光)科技学院讲师
参　编	黎雪刚	桂林市农业学校讲师
	侯贵宾	邯郸农业学校高级讲师
	李　璐	邯郸农业学校高级讲师
	任学武	河南省新乡市封丘县居厢镇人民政府助理农艺师

编写说明

积极开展与创新中等职业学校教育与新型职业农民中职教育，提高现代农业与社会主义新农村建设一线中等应用型职业人才及新型职业农民的综合素质、专业能力，是发展现代农业和建设社会主义新农村的重要举措。为贯彻落实中央的战略部署及全国职业教育工作会议精神，特根据《教育部关于"十二五"职业教育教材建设的若干意见》《中等职业学校新型职业农民培养方案（试行）》和《中等职业学校专业教学标准（试行）》等文件精神，紧紧围绕培养生产、服务、管理第一线需要的中等应用型职业人才及新型职业农民，并遵循中等职业学校教育与新型职业农民中职教育的基本特点和规律，编写了《农业资源与环境概述》教材。

《农业资源与环境概述》是中职教育农业经济管理类专业核心课教材之一。该教材构思新颖，内容丰富，结构合理，以行动导向的教学模式为依据，以学习性工作任务实施为主线，物化了本门课程历年来相关职业院校教育教学改革中所取得的成果，并统筹兼顾中等职业学校教育及新型职业农民中职教育的学习特点。

《农业资源与环境概述》共分为六个项目，分别从土壤与土地资源，水资源及其有效利用，气候资源与气象灾害，种质及其他资源，农业资源利用、管理与集约化生产，生态农业与农业的可持续发展等方面较为系统地介绍了我国农业资源与要素、生态农业与可持续发展等内容。本教材根据项目驱动式教学的需要，以引导学生主动学习为目的，进行体例架构设计，以适应中等农业职业教育和新型职业农民中职教育创新和改革的需要。本书采用项目教学方式，本着一个任务解决一个农业生产问题的思路，引领教学内容、开展实践训练，突出案例教学，鼓励学生参与，使学中练、用中练贯穿始终。在编写过程中力求深入浅出、通俗易懂，便于教学实践，体现了知识的前沿性、实用性，内容具有针对性、及时性、实用性和新颖性等特点，是中等职业教育及新型职业农民中职教育的专用教材，也可作为现代青年农场主的培育教材，还可作为智慧农业、现代农业、农村信息技术等相关领域的研究、管理及教学人员参考。

本书由邯郸农业学校王振鹏高级讲师、霍朝忠高级讲师、侯贵宾高级讲师、李璐高级讲师，河北工程大学李彦芳副教授，山东潍坊（寿光）科技学院杨文霞讲师，桂林市农业学校黎雪刚讲师等共同编写。王振鹏、李彦芳、霍朝忠担任主编，杨文霞担任副主编，李璐、侯贵宾、黎雪刚参加编写，最后由王振鹏、霍朝忠负责统稿。北京农业职业学院马俊哲教授、赵晨霞教授、农业部科技教育司纪绍勤处长和原农业部农民科技教育培训中心教材处原处长陈肖安等同志对教材内容进行了主审及最终审定，在此一并表示感谢。

编 者

2015. 6

目　录

模块一　农业资源与环境要素

模块二　农业资源利用及可持续发展

模块一

农业资源与环境要素

项目一　土壤与土地资源

项目二　水资源及其有效利用

项目三　气候资源与气象灾害

项目四　种质及其他农业资源

项目一 土壤与土地资源

【项目目标】

完成本项目学习后，你应该能：

1. 认知我国土壤与土地资源。
2. 熟知我国土壤污染的状况掌握防治措施。
3. 熟知土地资源管理措施。

【项目任务描述】

本项目分为认知我国土壤与土地资源、防治土壤污染的措施与熟知土地资源管理的基本措施3个任务。通过本项目各任务的操作与学习，能让学员通过对土壤和土地资源的认知，了解我国土壤资源状况，明确土地资源管理的意义，建立合理用地、节约用地、保护耕地的正确土地资源观，进一步培养学员的资源环保意识等，增强对本项目工作任务的学习兴趣，培养查阅资料、观察分析、调研总结与掌握土地资源管理措施等能胜任岗位工作的职业素质。

任务一 认知我国土壤与土地资源

一、学习准备

(一)知识准备

1.土壤

土壤是指地球陆地表面上能生长植物的疏松表层，是在特定成土条件下，经过漫长的成土过程逐渐发育和形成的历史自然体。其本质特征是具有肥力，不但为植物生长提供机械支撑能力，并能为植物生长发育提供所需的水、肥、气、热等肥力要素。

“万物土中生”。没有土壤，就没有大面积的植物生产。植物在土壤上扎根立足，从土壤中摄取水分、养分，并获取一定量的空气和热量等必需的生长条件。人类为了获得高产优质的植物产品，所进行的各种农业技术措施，也主要通过土壤发挥作用。因此，土壤是植物生产的基地，是最基本的农业生产资料、人类生存之本。

2. 土地

土地是地球上的特定部分，即地球表面除海洋之外的陆地及其之上的江河、湖泊等水面，是由空气、土壤、水文、地形、地质、生物及人类活动的结果所组成的综合体，其性质随时间而不断发生变化。

在一定的历史阶段，土地具有特定的属性：位置固定、面积有限和不可替代。所谓位置固定是指每块土地所处的经纬度都是固定的、不能移动，只能就地利用。面积有限是指不经过漫长的地质过程，土地面积不会明显的增减，其总面积是基本上固定的，在土地利用时，某项活动用地面积的增加，必然会导致其他活动用地面积的减少。不可代替是指土地无论作为人类生存的基地，还是作为生产资料，都不能用其他物质来代替，因此，土地是极为宝贵的自然资源。从农业生产的角度看，利用合理、集约经营，土壤肥力可以改善，土地生产力将会提高；如果利用不当甚至进行掠夺式经营，就会导致土地退化、生产力下降、环境恶化，影响人类和动植物的生存。

耕地是人类生产最基本最主要的生产资料，是生产人类所需要的粮食、棉花、油料、蔬菜等农产品的基地。耕地面积的大小，质量的好坏，直接影响到国民经济的发展。

3. 土地资源

土地资源是指土地总量中，现在和可预见的未来能为人类利用、经济价值的这部分土地，但习惯上土地与土地资源常常被不加区别地使用，相互通用。土地资源与气候资源、水资源、生物资源、矿产资源互相联系，构成自然资源的有机整体。土地资源是人类社会最基本的生产资料，数量有限，特别是在当今人口急剧增加、粮食需求压力日益加大，资源短缺、生态环境不断恶化的形势下，保护和利用好土地资源尤为重要(图 1-1)。

图 1-1 珍稀的土地

(二)资料准备

1. 图书馆或资料室

利用图书馆或资料室的书籍或报刊，查找有关土壤和土地资源的知识、案例等信息资料。

2. 电脑、网络、新媒体

利用电脑上网或利用手机上 Wifi 等，查找有关土壤、土地、土地资源的概念；土地资源的特征；我国土地资源概况等方面的知识、案例等信息资料。

3. 教师准备的资料单

关于土壤和土地资源的相关文章。

二、任务设计与实施

【任务设计】

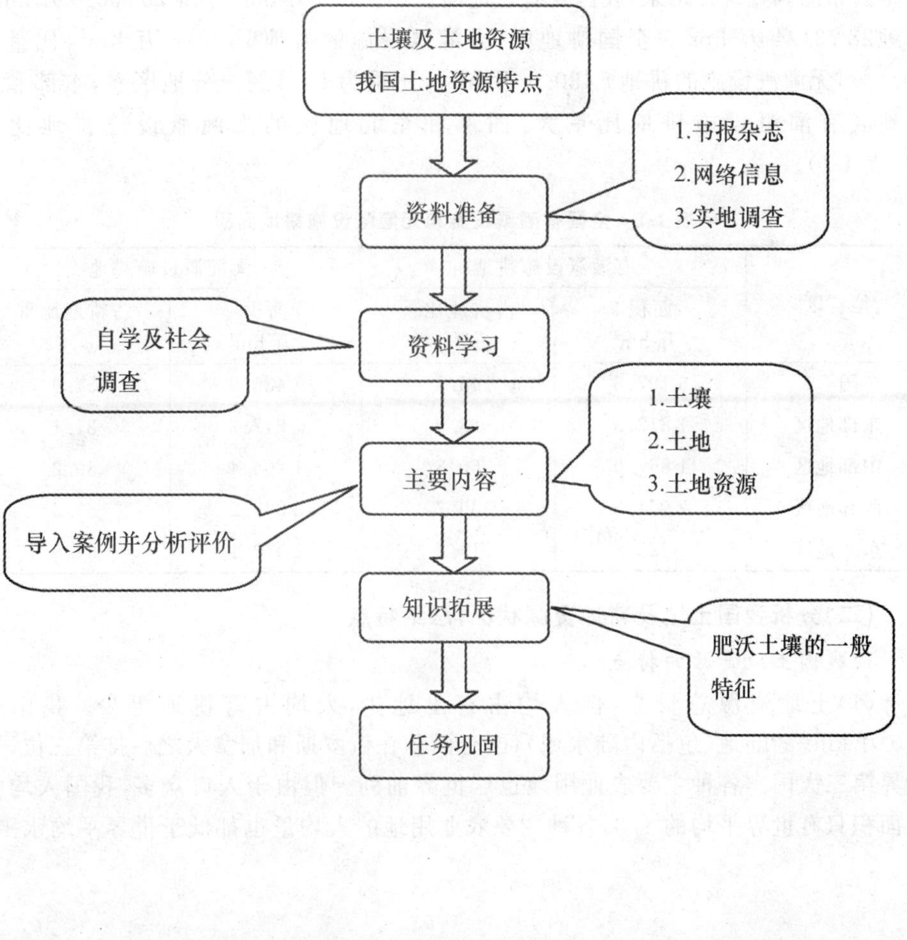

【任务实施】

(一)导入案例

【案例】

我国土地资源及耕地资源的概况

我国东部和南部濒临黄海、渤海、东海和南海,西部与北部地处欧亚大陆腹地。自南向北依次分布着热带、亚热带、温带、暖温带和寒温带,降水量自东南向西北递减,依次分布着湿润、半湿润、半干旱和干旱气候带。地势西北高,东南低,山地丘陵面积大,约占国土面积的69%,地形、地貌多样,土地资源类型丰富。耕地集中分布在东部的东北平原、华北平原、长江中下游平原及四川盆地和华南地区,而草地则多分布在西北部,林地集中分布于西南及东北地区。

据2013年国土资源部、国家统计局和国务院第二次全国土地调查领导小组办公室公布的调查统计结果,我国现有耕地面积13 538.5万hm^2,林地25 395.0万hm^2,草地28 731.4万hm^2。全国耕地中,有灌溉设施的耕地6 107.6万hm^2,比重为45.1%,无灌溉设施的耕地7 430.9万hm^2,比重为54.9%。分地区看,东部和中部地区有灌溉设施耕地比重大,西部和东北地区的无灌溉设施耕地比重大(表1-1)。

表1-1 全国有灌溉设施和无灌溉设施耕地面积

地 区	有灌溉设施耕地		无灌溉设施耕地	
	面积/万hm^2	占耕地比重/%	面积/万hm^2	占耕地比重/%
全国	6 107.6	45.1	7 430.9	54.9
东部地区	1 812.5	68.9	817.2	31.1
中部地区	1 867.0	60.8	1 204.4	39.2
西部地区	2 004.3	39.7	3 039.2	60.3
东北地区	423.8	15.2	2 370.1	84.8

(二)分析我国土地及耕地资源状况,总结特点

1.我国土地资源的特点

(1)土地资源总量大,但人均占有土地少,人均占有耕地更少。我国有960万km^2的陆地(包括内陆水域),国土面积在俄罗斯和加拿大之后排第三位,是世界第三大国。各种主要农业用地也居世界前列。但由于人口众多,我国人均国土面积只有世界平均的1/3,各种主要农业用地的人均量也都低于世界平均水平。

人均耕地不到世界人均水平的一半，而人均土地资源才是直接关系一国人均国民收入、土地产品产量的重要指标。

(2)土地类型多，但山地多于平地。我国地域辽阔，多样的自然条件、复杂的地形以及多种多样的土地利用方式，形成了极为复杂的土地类型。从海拔 500 m 以下的东部广大平原、丘陵，到西部海拔 1 000 m 以上的山地、高原和盆地，山地多于平原(图 1-2)。

图 1-2　山地

据统计，我国山地约占全国面积的 33%，丘陵占 10%，高原占 26%，盆地占 19%，平原仅占 12%。按广义标准计算，我国山区面积约占全部土地面积的 2/3，平原面积仅占 1/3。很多山地由于海拔高、气温低、坡度大、土层薄和交通不便等原因，发展农林牧业因难，土地难以利用。另外，我国又是世界上沙漠面积比较大的国家之一，包括沙漠、戈壁以及多种风蚀地貌在内的沙漠面积占全国土地总面积的 13%左右，我国沙漠面积集中分布在西北内陆干旱地区，分散分布于内蒙古自治区等地的干旱半干旱地带，沙漠地区自然条件很差。

(3)土地资源的地区分布不平衡，东部多，西部少。我国平原、丘陵主要分布于东部，山地、高原主要分布于西部。若从大兴安岭经太行山-巫山至湘桂西部山地画一条线，可把全国土地划分为东西两部分，在这条线以东大部分地区是海拔不到 500 m 的平原和丘陵，面积约占全国 1/3，但分布着 2/3 以上的农业人口；此线以西的大部分地区是海拔 1 000 m 以上的山地、高原和盆地，其面积约占全国的 2/3，是我国的主要牧区、林区或干旱半干旱农业区，耕地面积仅占全国耕地总面积的1/3。我国东南部土地资源条件较好，耕地和内陆水域在这一地区分布集中，我国一半以上的林地集中分布于东北部和西南部地区。西北内陆区光照充足，热量也较丰富，但干旱少雨，水源少，沙漠、戈壁、盐碱面积大，其中东半部为草原与荒漠草原；西半部为极端干旱的荒漠，无灌溉即无农业，土地自然生产力低，而且不易利用。这就决定了我国不同地区土地的人口承载力相差很大，东南部明显大于西部、西北部。

(4)难以利用的土地资源面积大，后备土地资源潜力不足，特别是耕地后备资源不足。全国难以利用的沙漠、戈壁、冰川以及永久积雪、石山、裸地等的土地面积。我国农业开发历史悠久，土地开发程度较高，可利用的土地大多已耕种，可利用尚未利用的土地数量十分有限，而且大多质量差，开发难度大。随着人口的进一步增加，人均土地面积将进一步减少。

(5)水、土、光、热自然资源组合错位。我国水资源总量居世界第六位，但是人均占有量只相当于世界平均水平的1/4。长江、珠江以及西南诸河流域的水量占全国总水量的82.3%，而这些地区的耕地数量仅占全国耕地的36.3%。黄河、淮河及其他北方河流的水量约占全国总水量的17%，而耕地占全国的63.7%。从降水条件看，我国东南部受季风影响强烈，气候温暖湿润，年降水量为400～2 000 mm，其中80%以上集中在作物生长季节。西北部为干旱半干旱内陆气候，年降水量在400 mm以下，虽然有些地方能种植旱田作物，但是产量低而不稳，收成很难保证，而且容易引起风沙危害和土壤侵蚀。所以，这一地区大部分为牧业区。也有人估计占全国总面积的53.8%的西北部干旱、半干旱地区和青藏高原区，其年生物产量仅占全国总生物产量的9.5%。水资源的时间、空间分布不均衡，使我国季节性和地区性缺水问题十分突出；我国湿润、半湿润、干旱、半干旱地区面积分别为32.3%、17.8%、30.8%和19.2%，土地的水、热、肥等要素组合不合理和土地生产力的区域间差异极大这一特点以及地少人多这一基本国情，决定着我国必须将十分珍惜、合理利用土地和切实保护耕地作为基本国策，长期予以坚持。

2.我国耕地总体质量差，生产水平低

从全国范围来讲，我国的优质耕地少，抗自然灾害能力差.耕地中还有近亿亩坡度在25°以上，需逐步退耕。耕地质量差和耕地与水资源分布不均匀造成我国耕地的生产水平较低，与世界发达国家或农业发达国家相比，粮食单产相差100 kg以上。

耕地退化严重。我国许多耕地处于干旱和半干旱地区，受到荒漠化的影响。我国干旱、半干旱地区40%的耕地不同程度地退化，全国有30%左右的耕地不同程度受水土流失的危害(图1-3)。

耕地资源贫乏。据统计，我国耕地后备资源即使全部开发成耕地，人均增加耕地也不足0.1亩，而且新中国成立以来，经过长期开发，剩余的后备耕地资源大多为质量差、开发难度大的土地。因而，我国必须要保护耕地。切实保护耕地严格控制耕地转为非耕地是耕地保护的基本原则(1亩=667 m^2)。

图1-3 土地退化

18亿亩耕地是保障国家粮食安全、实现全国粮食基本自给的红线。国务院总理温家宝在第十届全国人民代表大会第五次会议上作的《政府工作报告》中指出："在土地问题上，我们绝不能犯不可改正的历史性错误，遗祸子孙后代。一定要守住全国耕地不少于18亿亩这条红线。"截至2011年12月31日，全国耕地保有量为18.247 6亿亩。

土地是我们人类生存与发展的基础，是十分宝贵的资源和资产。随着人口的迅猛增长，我国人多地少，土地资源总体质量差，耕地后备资源严重不足、土地利用率低等现实问题日益显著，也越来越引起社会各界的关注。当前，我国的耕地保护形势依然非常严峻。全国耕地面积必须确保不低于18亿亩，这是一条直接关系到13亿中国人吃饭问题的底线。加强耕地保护，已经刻不容缓。

(三)任务实施与组织

(1)安排学生课前预习土壤、土地及土地资源的概念等有关内容，在教师的指导下，通过多种信息渠道查询资料。

(2)实地调研，并通过近几年的媒体信息、政府公开信息，由学员分析所在地区的土地、耕地资源分布，全面把握本地区土地、耕地资源的特征，搜集本地区土地资源利用的相关资料，分析本地区土地、耕地资源利用存在的问题。

(3)小组讨论交流、通过头脑风暴法扩大学习成果，并集中集体智慧完成一份较好的综合性的"×××地区土壤和土地资源的专题调研报告"。

(4)每组选一个代表，在全班讲解小组的"×××地区土壤和土地资源的专题调研报告"的形成、思路、学习收获，组员补充收获的内容。

(5)教师组织发动全班同学讨论、评价各小组的学习情况，达到全班同学共享学习资源和收获体会，巩固所学的知识内容。

三、学习拓展

肥沃土壤的一般特征

1.耕层深厚，土层构造良好

耕层深厚和良好的土层构造是高产土壤肥力的基础。高产土壤要求整个土层厚度一般在1 m以上，并具有深厚的耕作层，20～30 cm。高产土壤质地轻，疏松多孔，孔隙度52%～55%，通气孔隙10%～15%。犁底层不明显，心土层较紧实，质地较重，即为上虚下实的层次构造。表土可通气、透水、增温，好气性微生物活动旺盛，土壤养分易分解，有利于耕作管理等。耕作层下部为破除犁底层的活土，有一定的通气透水能力，以能保水保肥。心土层较紧实，质地较重，可托水托肥。

2.有机质和养分含量丰富

土壤有机质和养分含量丰富高低是土壤肥力水平和熟化程度的重要标志之一。高度熟化的肥沃土壤，有机质含量较高，潜在肥力高，微生物活动旺盛，有利于养分转化，含有效养分丰富。土壤保肥供肥性能良好，肥劲稳而长，能满足植物生长发育的需要。

3.酸碱度适宜，有益微生物活动旺盛

肥沃土壤的酸碱度范围为微酸性到微碱性。因为，多数植物适宜于中性、微酸或微碱环境。另外，有利微生物的活动，如一般细菌和放线菌适宜中性环境，固氮菌适于 pH 6.8，硝化细菌 pH 6～8。过酸过碱的土壤微生物活动受到影响，不利于养分的转化，养分的有效性降低。碱性过强，土壤中钼的有效性降低。

4.土温稳定，耕性良好

肥沃的土壤，温度稳定，表现在上下土层和昼夜间土壤温度的变幅较小，稳温性好，冬不冷浆，夏不燥热，有利于早播、早熟、高产。土壤疏松，宜耕期长，干耕不起坷垃，湿耕不成明垡条，耕作质量好。

5.地面平整

地面平整可以有效地防止水土流失和地表冲刷，促进降水渗入土体，有利于土体内水分、养分均匀分布。

任务二 防治土壤污染的措施

一、学习准备

(一)知识准备

1.土壤污染

随着工业的迅猛发展，土壤承受着从各种渠道而来的固态、液态和气态的污染物。固体废物不断向土壤表面堆放和倾倒，有害废水不断向土壤中渗透，大气中的有害气体及飘尘也不断随雨水降落在土壤中，导致了土壤被污染。

土壤污染是指由人类活动所产生的污染物通过各种途径进入土壤，其数量和速度超过了土壤的容纳和净化能力，使土壤的性质、组成及性状等发生变化，破坏土壤的自然生态平衡，并导致土壤的自然功能失调、土壤质量恶化的现象。土壤污染是全球三大环境要素(大气、水体和土壤)的污染问题之一。土壤污染对环境和人类造成的影响与危害在于它能导致土壤的组成、结构和功能发生变化，进而影响植物的正常生长发育，造成有害物质在植物体内累积，并可以通过食物链进入人体，以至危害人体健康。

2. 土壤污染物的类型及特点

(1)土壤污染物类型。

①化学污染物。包括无机污染物和有机污染物。前者如汞、镉、铅、砷等重金属，过量的氮、磷植物营养元素以及氧化物和硫化物等；后者如各种化学农药、石油及其裂解产物，以及其他各类有机合成产物等。

②物理污染物。指来自工厂、矿山的固体废弃物如尾矿、废石、粉煤灰和工业垃圾等。

③生物污染物。指带有各种病菌的城市垃圾和由卫生设施(包括医院)排出的废水、废物以及厩肥等。

④放射性污染物。主要存在于核原料开采和大气层核爆炸地区，以锶和铯等在土壤中生存期长的放射性元素为主。

(2)土壤污染的特点。

①土壤污染具有隐蔽性和滞后性。大气、水和废弃物污染等问题一般都比较直观，通过感官就能发现，而土壤的污染则不同，它往往要通过对土壤样品进行分析化验和农作物的残留检测，甚至通过研究对人畜健康状况的影响才能确定。因此，土壤污染从产生污染到出现问题通常会滞后较长的时间，导致土壤污染问题一般都不太容易受到重视。

②土壤污染的累积性与地域性。污染物质在大气和水体中，一般都比在土壤中更容易迁移。这使得污染物质在土壤中并不像在大气和水体中那样容易扩散和稀释，因此，容易在土壤中不断积累而超标，同时也使土壤污染具有很强的地域性。

③土壤污染具有不可逆转性。重金属对土壤的污染基本上是一个不可逆转的过程，许多有机化学物质的污染也需要较长的时间才能降解，如被某些重金属污染的土壤可能要 100～200 年时间才能够恢复。

④土壤污染治理难而周期长。如果大气和水体受到污染，切断污染源之后通过稀释和自我净化作用即有可能使污染问题逐渐逆转，但是积累在污染土壤中的难降解污染物则很难靠稀释作用和自净化作用来消除。土壤污染一旦发生，仅仅依靠切断污染源的方法则往往很难恢复，有时要靠换土、淋洗土壤等方法才能解决。因此，治理污染土壤通常成本较高，治理周期较长。

3. 土壤污染危害

(1)土壤污染导致生物产品品质不断下降。随着农田大量施用化肥以及工业

“三废”的排放，大多数城市近郊土壤都受到不同程度的污染，许多地方粮食、蔬菜、水果等食物中镉、砷、铬、铅等重金属含量超标或接近临界值。每年转化成为污染物而进入环境的氮素达 1 000 万 t，农产品中的硝酸盐和亚硝酸盐污染严重。农膜污染土壤面积超过 780 万 km^2，残存的农膜对土壤毛细管水起阻流作用，恶化土壤物理性状，影响土壤通气透水，影响农作物产量和农产品品质。

(2)土壤污染危害人体健康。土壤污染会使污染物在植物体内积累，并通过食物链富集到人体和动物体中，危害人体健康，引发癌症和其他疾病；放射性物质可以由多种途径进入人体，它们发出的射线会破坏机体内的大分子结构，甚至直接破坏细胞和组织结构，给人体造成损伤；土壤生物污染在土壤、植物、动物以及人体之间构成一条链，主要通过食物链进行物质和能量传递，其危害不容忽视。土壤健康、植物健康、动物健康和人体健康由食物链紧密联系在一起。

(3)土壤污染导致其他环境问题。土壤受到污染后，含重金属浓度较高的污染物容易在风力和水力作用下分别进入到大气和水体中，导致大气污染、地表水污染、地下水污染和生态系统退化等其他次生生态环境问题。

(二)资料准备

1. 图书馆或资料室

利用图书馆或资料室的书籍或报纸，查找有关土壤污染及防治的知识、案例等信息资料。

2. 电脑、网络、新媒体

利用电脑上网或利用手机上 Wifi 等，查找有关壤污染的概念、类型、危害等方面的知识、案例等信息资料。

3. 教师准备的资料单

关于土壤污染的危害、防治的相关文章。

二、任务设计与实施

【任务设计】

见下页。

【任务实施】

(一)导入案例

【案例】

84 岁的杨××老人身体还算硬朗，但已经 20 余年无法好好走路了。只要走

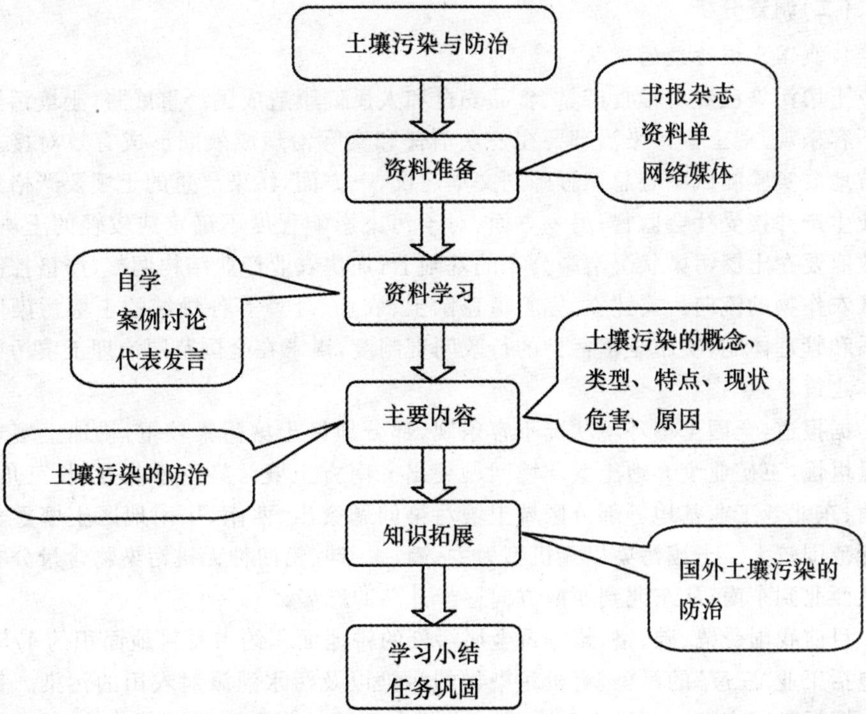

上不超过 100 m，脚和小腿就会酸疼难忍。在其生活的广西壮族自治区阳朔县兴坪镇思的村，还有十几位老人也有类似症状。多位学者的研究证实，该村耕地土壤早在 20 世纪 60 年代以前就已被重金属镉所污染，相应的，所产稻米中镉含量亦严重超标。

研究表明，镉主要在肝、肾部积累，并不会自然消失，经过数年甚至数十年慢性积累后，人体将会出现显著的镉中毒症状。医学文献也已经证明，镉进入人体，多年后可引起骨痛等症，严重时导致可怕的“痛痛病”。所谓“痛痛病”，又称骨痛病，命名于 20 世纪 60 年代的日本。该国由于开矿致使镉严重污染农田，农民长期食用污染土壤上的稻米等食物，导致镉中毒，患者骨头有针扎般剧痛，口中常喊“痛啊、痛啊！”，故得此名。

类似案例不只出现在广西壮族自治区思的村。实际上，多个地方均有人群尿镉等严重超标和相应症状。尤其值得一提的是，无论农业部门近年的抽查，还是学者的研究均表明，中国约 10％的稻米存在镉超标问题。对于全球稻米消费量最大的国家来说，这无疑是一个沉重的现实。

（资料来源：新世纪财新网，记者宫靖）http://news.qq.com/a/20110214/000635.htm

(二)调查分析

1.我国土壤污染的现状

土壤污染已经对粮食产量、食品安全和人民健康造成民严重威胁,土壤污染状况不容乐观。“土壤污染治理要在公众信任和实际治理成效间形成有效对接。”广东省地质实验测试中心总工程师刘文华建议,一方面,污染严重的土壤要严格禁止农业生产并接受社会监督;另一方面,对于污染影响程度不确定或较轻的土壤,各地政府要在土壤污染状况清晰公布的基础上,加快农业产业结构调整,严格控制污染区农作物的流向。要建立、完善覆盖国土、农业、环境等各领域的土壤污染监测体系和管理体制,实施土壤污染的行政问责制度,谋求在全国范围治理土壤污染的治本之策。

据报道,全国土壤环境状况不容乐观,部分地区土壤污染较重,耕地土壤环境质量堪忧,工矿业废弃地土壤环境问题突出。南方土壤污染重于北方,长三角、珠三角、东北老工业基地等部分区域土壤污染问题突出,西南、中南地区土壤重金属超标范围较大。土壤污染以无机型为主,镉、汞、砷、铅四种无机污染物含量分布呈现从西北到东南、从东北到西南方向逐步升高的态势。

目前我国受镉、砷、铬、铅等重金属污染的耕地面积约占总耕地面积的1/5;其中包括工业“三废”的污染、有机污染物的污染以及污水灌溉对农田的污染。每年因土壤污染减产粮食超过1 000万t,主要农产品的农药残留超标率高达16%~20%,造成各种经济损失约200亿元。

土壤生物污染在我国分布广泛,危害严重。污水灌溉、粪便施肥、污泥和垃圾以及病毒尸体都可能造成土壤生物污染,通过各种途径危害动植物和人体健康。土壤生物污染分布最广的是由肠道致病性原虫和蠕虫类所造成的污染,据调查,上海市郊蔬菜的大肠菌群检出率为13.7%,最高可达12 800个/g,寄生虫卵检出率为11.9%,近三成蔬菜受到不同程度的生物污染。

近年来,随着核技术在工农业、医疗、地质、科研等各领域的广泛应用,越来越多的放射性污染物进入到土壤中,这些放射性污染物除可直接危害人体外,还可以通过生物链和食物链进入人体。

2.分析土壤污染原因

(1)过量施用化肥对土壤的污染。我国每年化肥施用量超过4 100万t。虽然施用化肥是农业增产的重要措施,但长期大量使用氮、磷等化学肥料,未被植物吸收利用和根层土壤吸附固定的养分,都在根层以下积累或转入地下,会破坏土壤结构,造成土壤板结、耕层变浅、耕性变差、保水保肥能力下降,增加农业生产成本,影响农作物的产量和质量。残留在土壤中的氮、磷化合物,在发生地面径流或土壤风蚀时，会向其他地方转移，扩大了土壤污染范围。过量使用化肥还使饲料作物含有过多的硝酸盐，妨碍牲畜体内氧气的输送，使其患病，严重导致死亡。

(2)农药是土壤的主要有机污染物。直接进入土壤的农药，大部分可被土壤吸附，农作物从土壤中吸收农药，在植物根、茎、叶、果实和种子中积累，通过食物、饲料危害人体和牲畜的健康。全国每年使用的农药量达50万～60万 t，直接进入土壤的农药，大部分可被土壤吸附；残留于土壤中的农药，由于生物和非生物的作用，形成具有不同稳定性的中间产物；喷施于作物体上的农药，除部分被植物吸收或逸入大气外，约1/2散落于农田，又与直接施用于田间的农药构成农田土壤中农药的基本来源。农作物从土壤中吸收农药，在植物根、茎、叶、果实和种子中积累，通过食物、饲料危害人体和牲畜的健康。

(3)重金属元素引起的土壤污染。汽油中添加的防爆剂四乙基铅随废气排出污染土壤，使行车频率高的公路两侧常形成明显的铅污染带。砷被大量用作杀虫剂、杀菌剂、杀鼠剂和除草剂，硫化矿产的开采、选矿、冶炼也会引起砷对土壤的污染。汞主要来自厂矿排放的含汞废水。土壤组成与汞化合物之间有很强的相互作用，积累在土壤中的汞有金属汞、无机汞盐、有机络合态或离子吸附态汞，所以，汞能在土壤中长期存在。镉、铅污染主要来自冶炼排放和汽车尾气沉降，磷肥中有时也含有镉。

(4)污水灌溉对土壤的污染。生活污水和工业废水中，含有氮、磷、钾等许多植物所需要的养分，所以合理地使用污水灌溉农田，一般有增产效果。但污水中还含有重金属酚、氰化物等许多有毒有害的物质，如果污水没有经过必要的处理而直接用于农田灌溉，会将污水中有毒有害的物质带至农田，污染土壤。

(5)大气污染对土壤的污染。大气中的有害气体主要是工业中排出的有毒废气，它的污染面大，会对土壤造成严重污染。工业废气的污染大致分为两类：气体污染，如二氧化硫、氟化物、臭氧、氮氧化物、碳氢化合物等；气溶胶污染，如粉尘、烟尘等固体粒子及烟雾，雾气等液体粒子，它们通过沉降或降水进入土壤，造成污染。例如，有色金属冶炼厂排出的废气中含有铬、铅、铜、镉等重金属，对附近的土壤造成污染；生产磷肥、氟化物的工厂会对附近的土壤造成粉尘污染和氟污染。

(6)固体废物对土壤的污染。工业废物和城市垃圾是土壤的固体污染物。例如，各种农用塑料薄膜作为大棚、地膜覆盖物被广泛使用，如果管理、回收不善，大量残膜碎片散落田间，会造成农田“白色污染”。这样的固体污染物既不易蒸发、挥发，也不易被土壤微生物分解，是一种长期滞留土壤的污染物。

(7)牲畜排泄物和生物残体对土壤的污染。禽畜饲养场的厩肥和屠宰场的废物，其性质近似人粪尿。利用这些废物作肥料，如果不进行物理和生化处理，则其中的寄生虫、病原菌和病毒等可引起土壤和水域污染，并通过水和农作物危害人群健康。

(8)放射物的污染。放射性污染主要来源于核武器试验，核工业的放射性废物排放，各种核事故泄漏，以及各种带辐射源的装置，如X射线源和电视机显像管等。大气层核试验的散落物可造成土壤的放射性污染，放射性散落物中，^{90}Sr、^{137}Cs的半衰期较长，易被土壤吸附，滞留时间也较长。

3.土壤污染防治措施

(1)科学地进行污水灌溉。工业废水种类繁多，成分复杂，有些工厂排出的废水可能是无害的，但与其他工厂排出的废水混合后，就变成有毒的废水。因此在利用废水灌溉农田之前，应按照《农田灌溉水质标准》规定的标准进行净化处理，这样既利用了污水，又避免了对土壤的污染。

(2)合理使用农药，重视开发高效低毒低残留农药。科学地使用农药能够有效地消灭农作物病虫害，发挥农药的积极作用。合理使用农药包括：严格按《农药管理条例》的各项规定进行保存、运输和使用。使用农药的工作人员必须了解农药的有关知识，以合理选择不同农药的使用范围、喷施次数、施药时间以及用量等，使之尽可能减轻农药对土壤的污染。禁止使用残留时间长的农药，如六六六、DDT等有机氯农药。

(3)合理施用化肥，增施有机肥。根据土壤的特性、气候状况和农作物生长发育特点，配方施肥，严格控制化肥的使用范围和用量。增施有机肥，提高土壤有机质含量，可增强土壤胶体对重金属和农药的吸附能力。

(4)施用化学改良剂，采取生物改良措施。在受重金属轻度污染的土壤中施用抑制剂，可将重金属转化成为难溶的化合物，减少农作物的吸收。常用的抑制剂有石灰、碱性磷酸盐、碳酸盐和硫化物等。例如，在受镉污染的酸性、微酸性土壤中施用石灰或碱性炉灰等，可以使活性镉转化为碳酸盐或氢氧化物等难溶物，改良效果显著。

(5)积极推广生物防治病虫害。为了既能有效地防治农业病虫害又能减轻化学农药对土壤的污染，需要积极推广生物防治方法。例如，利用赤眼蜂、七星瓢虫、蜘蛛等益虫来防治各种粮食、棉花、蔬菜、油料作物以及林业病虫害；利用杀螟杆菌、青虫菌等微生物来防治玉米螟、松毛虫等。利用生物方法防止农林病虫害具有经济、安全、有效和不污染的特点。

(6)改变轮作制度。改变耕作制度会引起土壤条件的变化，可消除某些污染物的毒害。据研究，实行水旱轮作是减轻和消除农药污染的有效措施。如DDT、六六六农药在棉田中的降解速度很慢，残留量大，而棉田改水后，可大大加速DDT

和六六六的降解。

对于轻度污染的土壤，采取深翻土或换无污染的客土的方法。对于污染严重的土壤，可采取铲除表土或换客土的方法。这些方法的优点是改良较彻底，适用于小面积改良。但对于大面积污染土壤的改良，非常费事，难以推行。

(7)减少污染源的排放，推广清洁生产。大力推广闭路循环、无毒工艺，以减少或消除污染物的排放。对工业三废进行回收处理，化害为利严格控制污染物的排放量和浓度。大力推广和发展清洁生产。

总之，按照“预防为主”的环保方针，防治土壤污染的首要任务是控制和消除土壤污染源，对已污染的土壤要采取一切有效措施，清除土壤中的污染物，控制土壤污染物的迁移转化，改善农村生态环境，提高农作物的产量和品质，为广大人民群众提供优质、安全的农产品。

(三)任务实施与组织

(1)安排学生课前预习土壤污染的概念等有关内容，在教师的指导下，通过多种信息渠道查询资料。

(2)实地调研，并通过近几年的媒体信息、政府公开信息和你身边发生的土壤污染事例，了解所在市、县、乡、村的土壤污染程度，调查可能的污染源。

(3)小组讨论交流、扩大学习成果，并集中集体智慧完成一份较好的综合性的“×××地区土壤污染程度的专题调研报告”。

(4)每组选一个代表，在全班讲解小组的“×××地区土壤污染程度的专题调研报告”的形成、思路、学习收获，组员补充收获的内容。

(5)教师组织发动全班同学讨论、评价各小组的学习情况，达到全班同学共享学习资源和收获体会，巩固所学的知识内容。

三、学习拓展

国外土壤污染防治的启示

随着全球经济化的迅速发展，世界上的不少国家都曾遭遇土壤污染的难题，这引起各国的高度重视。一些国家利用先进的技术与严格的法规进行生态治理，积累了大量经验，值得我们学习与借鉴。

1.英国：利用各种科学技术治理污染

英国是早期工业发展国家，有非常严重的土壤及地下水污染问题。英国最早开采的矿主要是煤炭、铁矿、铜矿，时间都在300年以上。随着经济发展，环境保护意识增强，许多矿区早已停止了开采，但是早年开采遗留下的土壤重金属污染问题依然存在。考虑到经济、快速的需要，英格兰和威尔士的土壤重金属污染修复技术即挖出污染土壤并移至别处，但并未解决根本问题。

从20世纪中叶开始，英国就陆续制定相关的污染控制和管理的法律法规。同时进行土壤改良剂和场地污染修复研究。英国土地修复技术非常规范，分为物理方法、化学方法、生物修复技术三方面。

早在1983年，英国就提出了利用超富集植物清除土壤中重金属污染的思想，即生物修复技术。首次利用遏蓝菜属植物修复了长期施用污泥导致重金属污染的土地，并证实了这一技术的可行性。目前，英国已开发出多种耐重金属污染的草本植物用于污染土壤中的重金属和其他污染物的治理，并已将这些开发出来的草本植物推向商业化进程，建立了超富集植物材料库。

2.日本：有针对性的立法防治土壤污染

在工业化较早的日本，1968年的“痛痛病”事件直接导致了1970年《农业用地土壤污染防治法》的出台。但是该法仅适用于农村地区，仅限于土壤的表层，对20世纪70年代以后城市地区频繁出现的大量土壤污染事件却无能为力。1975年，大量六价铬污染土壤事件在东京地区频繁爆发，逐渐演化成严重的社会问题，进而引起全社会对“城市型”土壤污染的关注。在此背景下，2002年5月29日，日本公布了针对“城市型”土壤污染的《土壤污染对策法》，并于同年12月26日公布了《土壤污染防治法实施细则》。

《土壤污染对策法》的立法目的旨在通过确定土壤中的特定有害物质进而实施土壤污染防治对策保护公众健康、确立相关措施防止人体健康受到污染的侵害等，主要内容包括土壤污染状况调查、划定受污染区域、消除污染措施的相关规定、变更土地形式和土地使用计划的相关规定、委派调查机构、促进法律实体等相关规定等。显而易见，专门性的土壤污染防治立法的内容仅限于对已经污染的土壤的改良和恢复。但是日本土壤污染防治立法并不仅仅限于这些专门立法，还有大量与土壤污染预防相关的外围立法，包括《大气污染防治法》《水质污浊防止法》《废弃物处理法》《化审法》《肥料取缔法》《矿山保安法》等，这些外围立法通过对大气污染、水污染、固体废物污染、特定化学物质污染、化肥和农药污染以及矿物污染的控制，从不同方面来阻断新的土壤污染源，从而达到预防土壤污染的目标。

四、任务巩固

1.土壤污染的途径有哪些？

2.怎样有效地防治土壤污染？

3.在当前的土壤污染治理上，我们还存在什么问题？

任务三　熟知土地资源管理的基本措施

一、学习准备

（一）知识准备

1. 我国土地资源方面存在的问题

（1）水土流失严重。一些地区盲目毁林、毁草、陡坡开荒，地表植被遭到破坏，以及耕作不合理，顺坡种植、顺坡开垄等，致使地表植被盖度降低，保护水土的能力减弱，造成水土流失加重。近年来，很多地区水土流失面积、侵蚀强度、危害程度呈加剧的趋势。黄土高原的华北地区部分草地因水土流失而成为裸地。

水土流失造成的后果十分严重。在土壤被大量侵蚀的同时，水分得不到涵养，生态条件不断恶化。我国每年土壤养分流失的数量大约相当于同期化肥的生产量，养分流失导致土壤肥力下降，而且农田被切割得支离破碎，或被淤积掩埋，使农田招致致命的破坏。水土流失还造成河道淤塞，道路和水利设施等建筑物被毁，引发多种生态环境灾害，给国民经济和人民的生命财产带来严重威胁。在漫长的历史过程中，我国劳动人民同水土流失进行了不懈地斗争，特别是新中国成立以来，水土保持事业取得了辉煌的成就，但是重治理、轻养护，边治理边破坏的现象还很严重，水土保持和生态农业建设的任务还相当繁重。

（2）耕地数量逐年减少、质量下降。随着经济和城市建设的迅猛发展，我国的耕地也逐年减少。国土资源部公布的全国土地利用变更调查结果显示1996年底全国耕地面积为1.3亿hm^2，2001年为1.29亿hm^2，2002年为1.26亿hm^2，2003年为1.23亿hm^2，2005年为1.22亿hm^2，2006年减至1.218亿hm^2，2007年为1.217亿hm^2，耕地面积逐年减少。建设占用的耕地多数是居民点周边的优质高产良田，补充的耕地多来自未利用地的开发。土地的连年大量减少，已经成为我国经济持续稳定发展的主要限制因子之一。

耕地减少的原因主要有：

①农业用地内部调整，如把大块农田改为果园而栽植果树，或改挖为鱼塘等，大部分年份由于农业内部用地调整减少的农田面积约占总农田面积减少量的一半。

②城市建设、乡镇企业和农民建房及开发区建设占地严重；

③工矿用地面积增加，受开发热的影响，许多地方乱开采乱占地，使耕地遭到

破坏；

④交通用地增加，如高速公路建设及其他道路修建占地等。应当指出，非农业用地一般具有不可恢复性，耕地一旦用于其他，很难再改为农田。

(3)土地沙化。我国沙化土地面积约为 3 340 万 hm^2，占全国土地面积的 3.5%。我国土地沙化的形成除自然因素外，人为造成的草原植被破坏是土地沙漠化的直接原因(图 1-4)。

图 1-4 土壤沙化

因此，沙漠化以农牧交错带最为严重。地处我国西北内陆的新疆地区沙漠化面积最大，约占其总土地面积的 1/4；而内蒙古、甘肃部分地区沙漠化面积增加迅速，目前整个西北地区沙漠化面积以约每年 10 万 hm^2 的速度扩展着，其扩展方向是自西北向东南蔓延。

(4)土地次生盐渍化。已有的统计资料表明，我国盐渍化(碱化)耕地面积总的变化趋势是逐年增加，到目前为止我国共有盐碱地 764 万 hm^2，其中盐化土壤(盐土)耕地面积为 658 万 hm^2，碱化土壤(碱土)耕地面积为 106 万 hm^2，这些耕地主要分布在华北、西北和东北地区，而以华北地区最多，约为 314 万 hm^2，占全国盐碱地面积的 40%以上。

随着设施农业的迅速发展，生产者为了追求高产、高利润，往往不惜成本，大量施用化肥，据调查，单位面积土壤大棚内肥料的投入量为大田的 4～10 倍，为蔬菜带走量的 2～10 倍。肥料大量残余造成了土壤溶液浓度过高，导致土壤次生盐渍化的发生。

(5)草地资源破坏严重。我国草场目前超载放牧，再加上虫害、鼠害严重，草场退化已带有普遍性。素以水草丰美著称的呼伦贝尔草原和锡林郭勒草原，退化面积分别已达23%和41%。随着人口增长,对粮食需求的增加,有些地方不恰当的开垦一些陡坡地,沙质地,使草原破坏严重。

(6)土壤污染。土壤污染不仅对农作物及农田生态环境造成危害,污染物通过食物链最终进入人体,还会危害人体健康。到目前为止还没有关于已经遭受污染耕地面积的准确统计数字,但有人估计由于环境污染而导致农作物减产数量每年大约100亿kg,这一数字约为我国粮食产量的3%,相当于我国近些年来每年进口的粮食总量。

2.土地管理

(1)土地管理的定义。土地管理是国家为维护土地制度,调整土地关系,合理组织土地利用所采取的行政、经济、法律和技术的综合措施。一般而言,国家把土地管理权授予政府及其土地行政主管部门。因此,土地管理也是政府及其土地行政主管部门依据法律和运用法定职权,对社会组织、单位和个人占有、使用、利用土地的过程或者行为所进行的组织和管理活动。

因此,土地管理首先具有鲜明的阶级性,它集中体现了统治阶级的意志。社会主义土地管理是建立在社会主义土地公有制基础上的,以维护社会主义土地所有制为目的,依法对土地进行保护。而资本主义土地管理则是为了维护土地私有者的合法权益。其次,土地利用及土地管理活动应建立在科学的基础上,靠管理实现土地利用,既能满足多种社会用地需求和高效地利用土地,又要保护好土地,使土地资源能够永续利用下去。

(2)土地管理内容。土地管理内容主要包括两大部分,即产权、产籍管理和土地利用管理,其核心是合理地组织土地利用。产权与产籍管理中又包括地籍管理和产权管理,而地籍管理包括地籍调查、土地登记、土地统计、土地定级和估价、地籍档案及地籍信息管理等,产权管理包括产权的确定及变更、产权监督管理、土地征用、土地划拨以及土地出让、转让、抵押、租赁的管理等。土地利用管理包括土地利用计划管理、土地利用规划管理、土地开发整治与保护管理、土地利用监测管理等。

(二)资料准备

1.图书馆或资料室

利用图书馆或资料室的书籍或报刊,查找有关土地资源管理的知识、案例等信息资料。

2.电脑、网络、新媒体

利用电脑上网或利用手机上Wifi等,查找有关土地资源的概念、利用、管理等方面的知识、案例等信息资料。

3.教师准备的资料单

关于土地资源的概念、利用、管理的相关文章。

二、任务设计与实施

【任务设计】

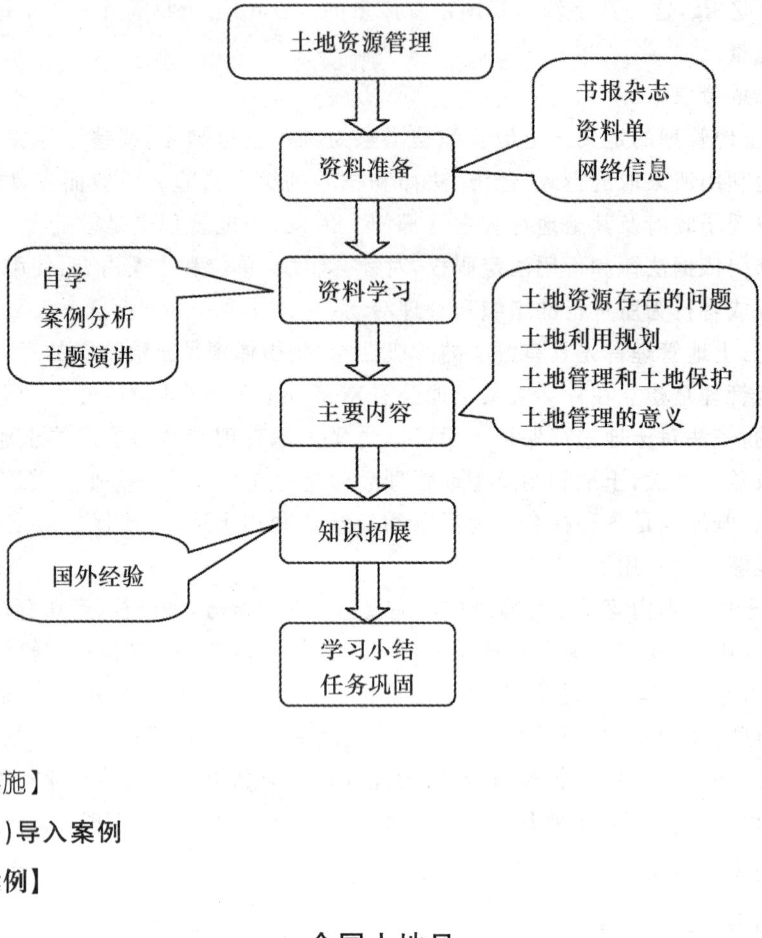

【任务实施】

(一)导入案例

【案例】

全国土地日

1991 年 5 月,国务院常务会议讨论决定,为了深入宣传贯彻《土地管理法》,坚定不移地实行"十分珍惜和合理利用土地,切实保护耕地"的基本国策,确定每年 6 月 25 日,即《土地管理法》颁布纪念日为全国土地日。2012 年第 22 个全国土地日主题是:"建设高标准农田,保障国家粮食安全";2013 年,第 23 个全国土地日主题是:“珍惜土地资源,节约集约用地”;2014 年,第 24 个全国土地日主题是:“节约集约利用土地,转变土地利用方式”。节约集约用地是我国基本国情的必然选择,也是破解土地资源瓶颈制约、实现可持续发展的必由之路。落实节约集约,管理最为关键,规划节约是最大的节约。

(二)分析总结

土地是万物生长的摇篮,我们衣食住行都离不开土地。在土地上,人们可以种植庄稼、栽培树木、放牧牛羊、修建房屋……土地是不可再生的资源,一直以来都受到国家的高度重视,改革开放以来,土地资源对我国经济社会的发展产生了巨大的推动作用,但不可否认的是,现阶段我国土地资源管理工作还有待完善。通过管理实现保护土地措施如下。

1.土地管理与土地保护的任务

(1)贯彻和执行《中华人民共和国土地管理法》及其他有关土地法律、法规。通过这些活动使全社会懂得保护土地、合理利用土地的重要意义,增强保护土地的紧迫感和责任感,而且要提高依法用地、依法管地的自觉性,使土地管理真正走上法制化的轨道。

(2)强化土地管理。为实行和强化土地的统一管理,首先要依法建立国家及地方各级政府的统一土地管理机构,在建立一支以土地管理部门为主的土地管理技术队伍的同时,建立健全各项土地管理制度。要严格依法办事,做到有法必依,执法必严,违法必究。

(3)做好土地管理的基础性工作。当前应当重点抓好土地法制建设、地籍管理和非农业建设用地的清理和管理等基础性工作,如开展土地利用现状调查,依法对土地进行登记、统计,及时掌握土地数量、质量变化方面的信息等。要重视和加强土地管理科学研究和教育工作,加快土地管理人才的培养。

(4)实行土地有偿使用制度。进一步完善土地使用制度的改革。我国长期实行公有土地无偿使用制度,是造成土地浪费、乱占耕地和破坏土地资源的重要原因。因此,实行公有土地有偿使用是我国土地管理制度的重大改革,也是运用经济手段管好土地、控制乱占耕地的一项有效措施。

(5)切实编制、修订好土地利用总体规划,并严格规划管理、保护、开发利用土地资源。总体规划既要考虑用地的需求,又要体现严格节约用地的原则,明确规定土地管理的总体目标,合理划定各类用途土地,制订依法保护土地、特别是保护基本农田的措施。通过对土地利用实行宏观控制与计划管理,将非农业建设占用耕地的数量控制在最低限度。

(6)确保耕地总量动态平衡。所谓耕地总量动态平衡,是指占用耕地面积与复垦增加耕地面积相平衡,同时也要下大力气提高耕地质量。我国人均耕地少,多数耕地质量比较差,而且水土流失严重,所以,必须在维持耕地总量的同时,十分注重提高土地资源、特别是耕地的质量。通过改造中低产田、兴修水利、修梯田、改良土壤、增施有机肥和防治土壤污染等措施,用地与养地相结合,变跑土、跑水、跑肥的低产田为保土、保水、保肥的高产田,扼制农田污染局面,使有限的土地资源发挥出更大的社会效益、经济效益。

(7)加快生态环境建设的步伐。保护土地资源是保护和改善生态环境的重要内容,建设生态环境首先要保护环境、保持水土和加快生态建设的极端重要性,而将保护土地资源放在保护环境、加强生态建设的基础地位来抓。

2.土地管理的意义

土地是人类生存与发展最重要的物质基础,切实加强对土地资源的保护,合理利用土地资源,对于促进经济社会的持续发展,保护人类的基本生存条件,都具有十分深远的意义。在现阶段加强土地管理具有下列重大意义。

(1)贯彻"十分珍惜、合理利用土地,切实保护耕地"的基本国策的要求,我国人均占有土地数量少,农产品不能依赖进口的基本国情,决定了我国土地利用的重点在于保护耕地。我国耕地不断减少的现状如果继续下去,将会贻害子孙后代。

(2)加强土地管理是实现"一要吃饭,二要建设"方针的需要,土地管理的重要职能是要理顺各种土地需要之间的关系,协调各部门、各单位用地分配,实现对用地的宏观控制。通过加强管理,使用地在农业、工业及城乡建设各行业、各领域中得到协调。

(3)加强土地管理是贯彻土地法律、法规,维护社会主义土地公有制的组织保证。土地管理法是我国实行土地管理的法律依据,只有建立起完整的土地管理体制、依法管理土地,才能使土地管理走上科学化、法制化的轨道。

土地是人类生存与社会发展的基础,土地资源状况如何,事关一个国家、一个民族的长治久安与繁荣昌盛。将"十分珍惜、合理利用土地和切实保护耕地"作为一项基本国策,严格保护土地资源,既符合我国人均土地资源相对不足的国情,也体现了国家对保护土地十分重视。

(三)任务实施与组织

(1)安排学生课前预习土地资源管理的概念等有关内容。并通过多种信息渠道查询资料。

(2)实地调研,深入实地了解一些土地管理的案例,并了解所在市、县、乡、村的当地土地资源利用方面的经验和教训,含城镇化进程中的扩城掠地的典型案例等。

(3)小组讨论交流、扩大学习成果,并集中集体智慧完成一份较好的"×××

地区土地资源管理的现状与对策的专题调研报告”。

(4)每组选一个代表，在全班讲解小组的“×××地区土地资源管理的现状与对策的专题调研报告”的形成、思路、学习收获，组员补充收获的内容。

(5)教师组织发动全班同学讨论、评价各小组的学习情况，达到全班同学共享学习资源和收获体会，巩固所学的知识内容。

三、学习拓展

法国土地管理的启示

尽管法国的土地大部分为私人所有，但要进行城市开发建设，不论使用私人所有的农用土地还是建设用地，都要对私人土地实施购买，变成政府所有土地，然后由政府组织有关公司进行开发。公司在进行开发建设时不取得土地权力(所有权或使用权)，一般是进行住宅和公共设施建设，开发建设后用地一般不再出售给私人，而是由有关公司使用和管理；对于政府向私人购买后用于住宅建设的土地，在建设完成后，由政府将土地连同住宅出卖或出租给房屋使用者。为了促进社会的融合，减少社会矛盾，政府鼓励较高收入家庭与较低收入家庭在政府开发的同一居住区内居住，并根据较低收入家庭情况的不同，由政府给予补贴。出于社会的公共利益，政府对私人土地实施购买时带有一定的强制性，具体体现在购买私人土地的价格上，其价格由政府组织中介机构进行评估，土地所有者不能漫天要价，否则政府可以冻结该土地的用途或禁止该土地的转让买卖。实际上政府采用了行政管理和市场公平的原则。此种做法，保证了城市地产开发业中社会公共利益在土地上能够得到基本公正的体现，同时也保护了私人所有者的利益。

本项目评价反馈

一、自我评价

1. 为了完成土壤和土地资源项目的学习，你都做了哪些准备？

(1)查找了哪些资料？

(2)你有哪些设想？

2. 通过所学的知识，你对中国土地资源状况有什么感想？

3. 通过所学的知识，你认为我国土壤污染有什么危害？能采取什么措施进行有效防治？

4.通过自学、讨论、演讲和调研，你有什么收获？

二、小组评价

从学习态度、学习方法、团队合作和学习能力的提升等方面评价。

序号	评价项目	评价情况
1	与其他同学口头交流学习内容是否流畅	
2	是否尊重他人	
3	学习态度是否积极主动	
4	是否服从教师的教学安排	
5	是否能保持学习环境的干净整洁	
6	是否遵守学习场所的规章制度	
7	是否达到全勤	
8	团队学习中主动与合作的情况如何	

参与评价的同学签名______________________

三、综合评价

1.教师评价

(1)对整个学习内容的小结归纳；

(2)对学习过程的总体评价。

教师签名______________

2.学生评价

(1)对教师授课效果的评价；

(2)对学习效果的评价。

学生签名______________

项目二　水资源及其有效利用

【项目目标】

完成本项目学习任务后，你应该能：

1. 熟知我国水资源状况。
2. 握水体污染和控制途径。
3. 认知水资源监测措施及水资源有效利用措施。

【项目任务描述】

本项目分为熟知我国的水资源状况、掌握水体污染的控制途径、认知水资源监测措施及有效利用3个任务。通过本项目各任务的操作与学习，能让学员通过熟知我国水资源状况、特征及存在问题，掌握水体污染和控制途径，认知水资源监测措施和有效利用措施等，增强对本项目工作任务的学习兴趣，培养查阅资料、观察分析与熟悉水资源监测与有效利用措施等能胜任岗位工作的职业素质。

任务一　熟知我国的水资源状况

一、学习准备

(一)知识准备

总量少、地区和季节分布不均、污染严重是我国水资源状况的基本特点。

1.水资源总量丰富，人均占有量少

我国水资源总量不算太少，位居世界第六，但人口众多，人均占有水资源量仅

2 140 m^3，不足世界人均占有量的 1/4。耕地亩均占有水资源量为 1 440 m^3，约为世界平均水平的 1/2。全世界人均水资源量最多的是冰岛，加拿大排第 8 位，中国则排在 121 位（图 2-1）。

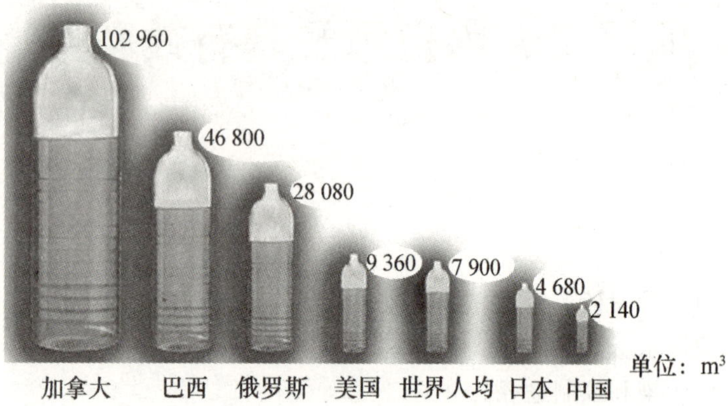

图 2-1 世界人均占水量对比图

2. 水资源东多西少，南多北少

水资源不足还不是主要问题，问题是这些水没能真正分配到每个人的头上（图 2-2）。水资源每天都在消耗，主要靠降水来补充。中国地域辽阔，降水分布受气候和地形地貌影响明显。受大陆季风区控制的东部地区降水相对丰富，而在西北内陆所处的非季风区就干旱异常，那里的面积虽然占全国的一半，但降水总量仅占全国的 9%，而水资源总量更是不足全国的 5%。从地形分布上看，降水分布明显受西高东低的三级阶梯状地势影响，呈现从西往东逐渐递增的趋势。降水分布的南北差异也十分明显。以秦岭—淮河为界，南部亚热带季风气候区降水充沛，而

图 2-2 南北方人均水资源占有量

北部温带季风气候区降水明显偏少。西部戈壁条件恶劣，人烟稀少，降水偏少暂时影响不大。但人口密集的黄淮海地区降水偏少，近些年缺水状况更加严重，前景就令人担忧了。

另外，北方地区的降水还有一个特点就是随时间的分布极不均匀。一年中62%的降水都集中在夏季，汛期(6～9月份)的降水占全年75%以上。海河流域降水在年内分布的集中程度最高，汛期4个月降水量占到其全年降水的79%～84%(图2-3)。另外，降水年际变化也大，海河流域最大年降水量一般在最小年降水量的5倍左右。降水的年际、年内剧烈变化，为防洪和水资源利用带来了很大的难度，使本来就有限的水资源难以被充分有效地利用。

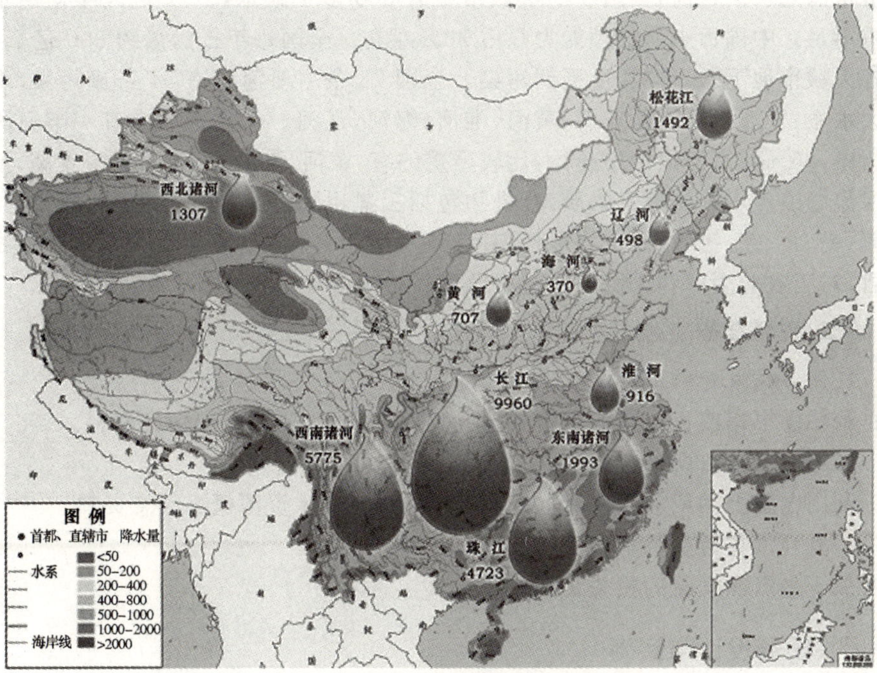

图2-3 我国降水及南北方水资源分布图

更进一步，受自然因素和人类活动的影响，近30年来我国水资源量发生了一定的变化，尤其是21世纪以来，北方地区水资源量减少显著。2001—2009年多年平均值与1956—2000年多年平均值比较，全国降水减少了2.8%，地表水资源量和水资源总量分别减少5.2%和3.6%。海河流域最为显著，降水减少了9%，地表水资源量减少49%，水资源总量减少31%。而近30年正是我国经济快速发展的时期，对水资源的需要迅速扩大。

我国水资源的分布与人口、耕地、矿藏资源和经济规模的分布形成了极大的反差，北方地区的水资源已经不能支撑其经济持续健康的发展，困境日趋明显。

3. 水资源夏秋季多，冬春季少

我国的水资源主要是来自低纬度海洋上的夏季风带来的降水，由于我国位于东亚季风和南亚季风影响的区域，季风气候降水集中在夏季，且年际变化大，所以水资源在时间分布上就明显的表现为夏秋多、冬春少，且年际变化大的特点。

4. 水污染严重

中国大小河川总长 42 万 km，湖泊 7.56 万 km^2，占国土总面积的 0.8%，水资源总量 28 000 亿 m^3，人均 2 300 m^3，只占世界人均拥有量的 1/4，居 121 位，为 13 个贫水国之一。目前，中国 640 个城市中有 300 多个缺水，2.32 亿人年均用水量严重不足。中国污水的处理能力只占 20%左右。全国每年排污量约 300 亿 t。全国各大城市地下水不同程度受到污染。全国 78 条主要河流有 54 条遭污染，中国七大水系：长江，珠江，松花江，黄河，淮河，海河，辽河。七大水系中有一半河段受到污染，86%城市河段污染超标，比较严重的有：黄河，淮河，辽河，太湖，巢湖，滇池等河流湖泊。水中的有害物质：有机物包括三氯甲烷、四氯化碳、农药、氨氮等；重金属：铅、汞、锰、镉等；微生物包括细菌、致病菌。水污染加剧了我国水资源短缺的矛盾，对工农业生产和人民生活造成危害。

(二)资料准备

1. 图书馆或资料室

利用图书馆或资料室的书籍或报刊，查找有关水资源概况信息资料。

2. 电脑、网络、新媒体

利用电脑上网或利用手机上 Wifi 等，查找有关水资源概况信息资料。

3. 教师准备的资料单

关于水资源概况的相关文章。

二、任务设计与实施

【任务设计】

见下页。

【任务实施】

(一)引导阅读

人类生产生活离不开淡水，所以过去人们都择水而居。水是老天赠予我们的，不是我们可以任意索取的。目前，全世界的淡水资源仅占其总水量的 2.5%，其中

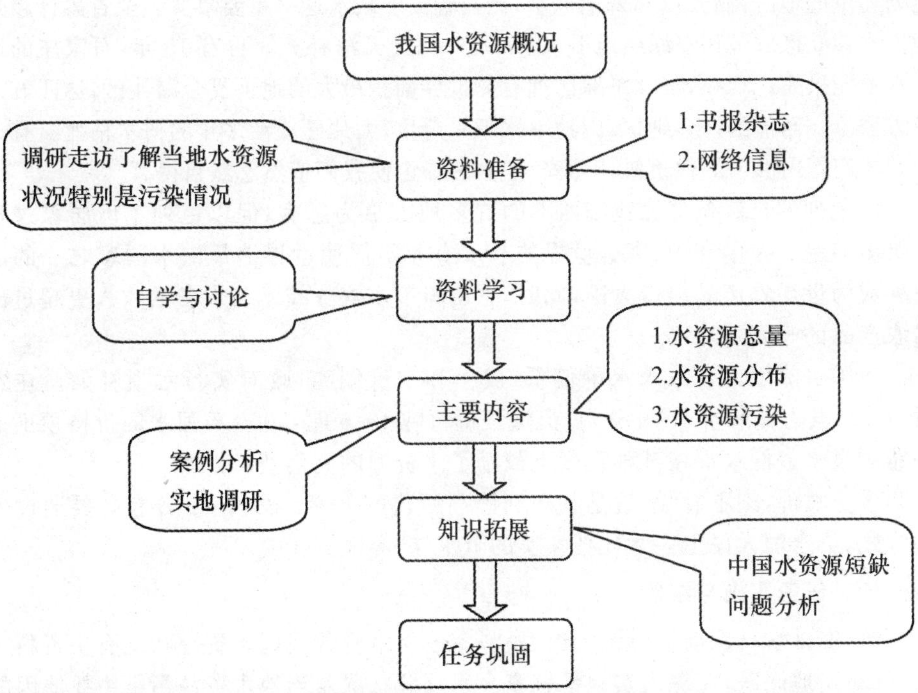

70%以上被冻结在南极和北极的冰盖中，加上难以利用的高山冰川和永冻积雪，有86%的淡水资源难以利用。人类真正能够利用的淡水资源是江河湖泊和地下水中的一部分，仅占地球总水量的0.26%。目前，全世界有1 /6的人口、约10亿多人缺水。在许多层面，水资源与健康具有密不可分的关系。我们所做的每项决策事实上都和水以及水对健康所造成的影响有关。专家估计，到2025年世界缺水人口将超过25亿。水是生命之源，人类离不开水。中国黄河的频繁断流，长江冰川面积的逐渐缩小，大量水土流失等，给我们留下沉重的思考。

(二)比较以色列分析我国水资源利用

就生产用水来说，在宁夏的一些地方，每亩水稻一年大约需要浇2 000 m^3水，1亩小麦用1 200 m^3水。中国农村普遍的水资源利用率只有40%左右。在宁夏，每千克大米耗水超过2 t。大水漫灌如果真的对庄稼有好处，倒也罢了，但事实上这种做法是引起土地盐碱化的最根本原因。

工业用水方面，我国炼钢等生产过程的单位耗水量比国外先进水平高几倍甚至几十倍。水的重复利用率不到发达国家的1/3。

如此缺水又如此挥霍，以河北省为例，据《望》周刊的报道，这个人均水资源比以色列还少的地区，靠大量超采地下水，掩盖着极度缺水这一重要事实。全省累计超采地下水600亿m^3，其中深层地下水300亿m^3已无法补充。再有15年，石家庄的地下水就能采完。现在，华北平原已拥有全世界面积最大的地下复合漏斗区，达四五万平方公里。西部的许多地区，因地下水超采严重，大片已成活多年的树木枯死。有人说："我们是用惨重的代价维持苟安，虚假的绿色使我们依然悠然自得。"

以色列的自然条件比我国西部的许多地方更为恶劣，但以色列不但居家过日子极重节水。在生产中，享誉世界的节水农业不但使世界上最缺水国家之一的以色列成为世界农产品出口大国，同时，它出口节水农业技术与设备的收入更超过出口农产品的收入。

我国目前城市自来水水价偏低，成本和水价偏离，政府实行亏损补贴。在农村，1 t水电力提灌价4～9分，自流灌溉价每吨4～6厘，300 t黄河水的价格顶不上一瓶矿泉水。低水价在某种程度上鼓励了水资源的高消费。

水费涨价，刻不容缓，这是利国利民利后代的大事。另外，十分有必要通过各种方式，给全国人民上一堂扎扎实实的节水课。

(三)任务实施与组织

(1)安排学员课前通过图书馆、资料室或网络查找我国水资源状况有关资料。

(2)实地调研，在深入实地了解家乡水资源状况及当地水资源污染主要原因的基础上，经过小组讨论交流、扩大学习成果，并集中集体智慧完成一份较好的 综合性的"×××地区水资源状况的现状与对策的专题调研报告"。

(3)每组选一个代表，在全班讲解小组的"×××地区水资源状况的现状与对策的专题调研报告"的形成、思路、学习收获，组员补充收获的内容。

(4)教师对本任务内容进行进一步总结，指导学员掌握所学的知识内容。

三、学习拓展

中国水资源的短缺

1997年6月，在纽约召开的联合国第二次全球环境首脑会议首次提出了水资源的问题，并警告："地区性的水危机可能预示着全球性危机的到来"。

一是资源性缺水，即无水可用或供不应求；

二是水质性缺水，即有水不能用或受限制使用。

目前，这两类短缺，在世界上相当普遍而又严重存在。

中国全国年缺水量约为500亿m^3，相当于北京年用水量的10倍以上。目前，我国有40%以上的人口生活在缺水地区，其中黄淮海及西北内陆等严重缺水区占

35%。南水北调工程虽已部分开始运营，但短期内还难以解决北京缺水问题（图 2-4）。

图 2-4　南水北调中线干渠

我国目前的水资源现状：人均水资源占有量不大、水资源分布不均、农业缺水和城市缺水、工业用水效率较低、水资源污染严重。随着社会经济的发展，中国用水量还在逐年增长，水资源短缺现象明显。中国从 20 世纪 70 年代以来就开始出现局部用水紧张，20 世纪 80 年代以来，这种现象由局部逐渐蔓延至全国，情势越来越严重。

为了解决水资源短缺的矛盾，在开源节流这两种战略中，节流比开源所需的资金一般要少，而且通过节流，可以减少污水排放量，减轻水污染，更可切实保护水资源，是符合可持续发展的战略方针的。

任务二　掌握水体污染的控制途径

一、学习准备

（一）知识准备

我国水污染主要来自 4 个方面：工业废水未经预处理超标排放；城市化中由于

城市污水集中处理设施及其配套管网严重缺乏，大量生活污水未经处理直接进入水体；过度使用化肥、农药带来的农业污染源；由于运行经费不到位，造成水处理设施不能发挥其应用的效率。

1.水污染对人体的危害

人体在新陈代谢的过程中，随着饮水和食物，水中的各种元素通过消化道进入人体的各个部分。当水中缺乏某些或某种人体生命过程所必需的元素时，都会影响人体健康。例如，有些地区水中缺碘，长期饮用这种水，就会导致“大脖子病”，就是医学上所称的“地方性甲状腺肿 ”。当水中含有有害物质时，对人体的危害更大。致癌物质可以通过食用受污染的食物(粮食、蔬菜、鱼肉等)，带入人体，还可以通过饮水进入人体。据调查，饮用受污染水的人，患肝癌和胃癌等癌症的发病率，要比饮用清洁水的高出61.5%左右。当污水中含有汞、镉等元素排入河流和湖泊时，水生植物就把汞、镉等元素吸收和富集起来，鱼吃水生植物后，又在其体内进一步富集，人吃了中毒的鱼后，汞、镉等元素在人体内富集，使人体患病而死亡。这样，从水生植物→水生小动物→小鱼→大鱼→人体形成了一条食物链。人体最后成了汞、镉等元素的落脚体。

2.水污染对水生生物的危害

水中生活着各种各样的水生动物和植物。生物与水、生物与生物之间进行着复杂的物质和能量的交换，从数量上保持着一种动态的平衡关系。但在人类活动的影响下，这种平衡遭到了破坏。当人类向水中排放污染物时，一些有益的水生生物会中毒死亡，而一些耐污的水生生物会加剧繁殖，大量消耗溶解在水中的氧气，使有益的水生生物因缺氧被迫迁徙他处，或者死亡。特别是有些有毒元素，既难溶于水又易在生物体内累积，对人类造成极大的伤害。如汞在水中的含量是很低的，但在水生生物体内的含量却很高，在鱼体内的含量又高得出奇。假定水体中汞的浓度为1，水生生物中的底栖生物(指生活在水体底泥中的小生物)体内汞的浓度为700，而鱼体内汞的浓度高达860。由此可见，当水体被污染后，一方面导致生物与水、生物与生物之间的平衡受到破坏；另一方面一些有毒物质不断转移和富集，最后危及人类自身的健康和生命。

3.水污染对工农业生产的影响

工农业生产不仅需要有足够的水量，而且对水质也有一定的要求。否则，对工农业会造成很大的损失，特别是工农业生产过程中使用了被污染了的水后，对人类有着极大的危害。一是使工业设备受到破坏，严重影响产品质量；二是使土壤的化学成分改变，肥力下降，导致农作物减产和严重污染；三是使城市增加生活用水和工业用水的污水处理费用。

(二)资料准备

1.图书馆或资料室

利用图书馆或资料室的书籍或报刊,查找有关水体污染及其控制途径的信息资料。

2.电脑、网络、新媒体

利用电脑上网或利用手机上 Wifi 等,查找有关水体污染及其控制途径的信息资料。

3.教师准备的资料单

关于水体污染及其控制途径的相关文章。

二、任务设计与实施

【任务设计】

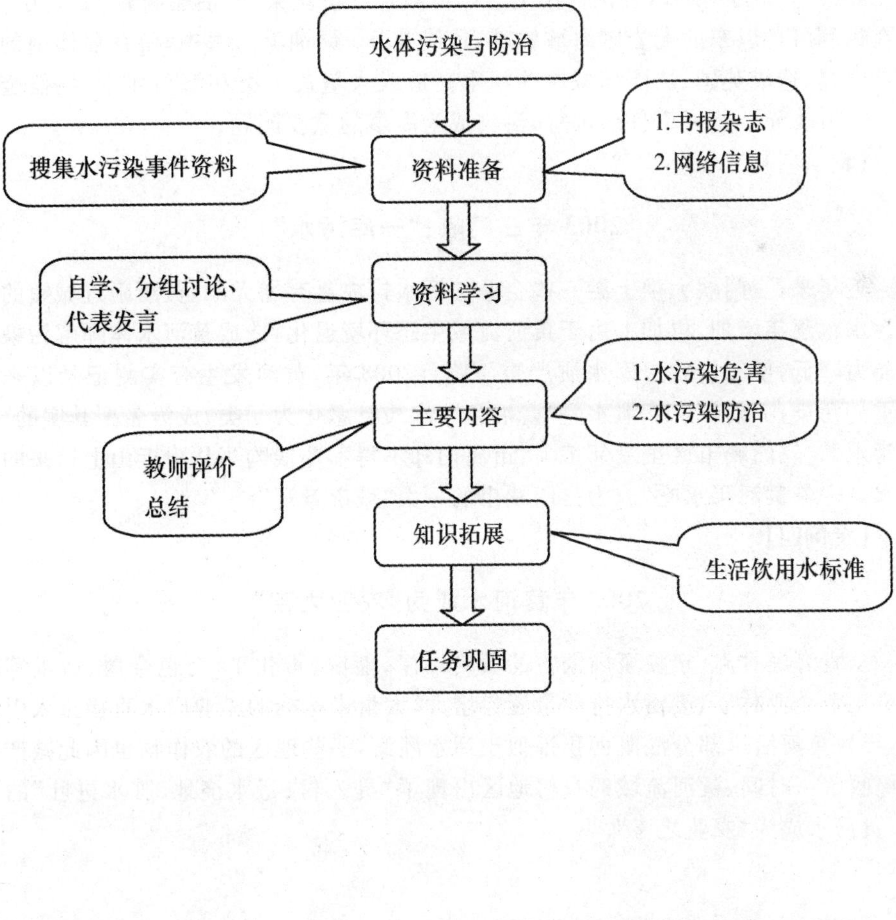

【任务实施】

(一)导入案例

【案例一】

剧毒物污染莱茵河事件

1986年11月1日，瑞士巴塞尔市桑多兹化工厂仓库失火，近30 t剧毒的硫化物、磷化物与含有水银的化工产品随灭火剂和水流入莱茵河。顺流而下150 km内，60多万条鱼被毒死，500 km以内河岸两侧的井水不能饮用，靠近河边的自来水厂关闭，啤酒厂停产。有毒物沉积在河底，将使莱茵河因此而“死亡”20年。

【案例二】

“托里坎荣”号油船污染事件

1967年3月18日，英国西南七岩礁海域，“托里坎荣”号油船满载11.7万t原油在锡利群岛以东的七岩礁海域触礁，致使8万t原油流入海中，留在船体内的原油被引爆，造成英国、法国海域原油污染。造成大量鱼贝类和海鸟死亡，赔偿金额达720万美元。这一事件后，海洋污染成为海事的重要问题。

【案例三】

2003年三门峡：“一库污水”

近年来，三门峡大坝上游一些企业的污水排放量有增无减，黄河附近城镇的生活污水也逐年增加，再加上由于黄河流域生态环境退化，造成黄河水体降解污染物的能力降低，使三门峡水库水质严重下降。2003年，黄河发生有实测记录以来最严重的污染，三门峡水库泄水呈“酱油色”，水质已恶化为Ⅴ类，成为名副其实的“一库污水”。三门峡市区虽紧邻黄河，市民们却不得不花钱购买从附近山上运来的山泉水，“守着黄河买水吃”成为三门峡市的一大“城市景观”。

【案例四】

2005年黄河水成为“农业之害”

从青海经甘肃、宁夏至内蒙古的黄河沿岸，能源、重化工、有色金属、造纸等高污染工业企业林立，废污水排放量逐年增大，大量未达标的工业废水直接排入引水渠，导致黄河沿岸部分灌溉面积近似于污水灌溉，一些地区的农作物也因此减产甚至绝收。一时间，黄河流域的农村地区出现了“臭入村、毒水浇地、脏水进肚”的现象，黄河水成为“农业之害”。

【案例五】

2007 巢湖、滇池蓝藻爆发

进入2007年6月份，巢湖、滇池也不同程度地出现蓝藻。安徽巢湖西半湖出现了区域在5 km^2左右的大面积蓝藻。由于西半湖不作为饮用水源，所以对当地影响不大，但随着持续高温，巢湖东半湖也出现蓝藻。滇池也因连日天气闷热，蓝藻大量繁殖。在昆明滇池海埂一线的岸边，湖水如绿油漆一般，并伴随着阵阵腥臭。太湖、巢湖、滇池蓝藻的连续暴发，为“三湖”流域水污染综合治理敲响了警钟。

(二)分析案例，提出水污染控制途径

面对严峻的缺水、水污染问题，我们应积极行动起来，珍惜每一滴水，采取节水技术、防治水污染、植树造林等多种措施，合理利用和保护水源。

1.强化对饮用水源取水口的保护

有关部门要划定水源区，在区内设置告示牌并加强取水口的绿化工作。定期组织人员进行检查。从根本杜绝污染，达到标本兼治的目的。

2.加大城市污水和工业废水的治理力度

加快城市污水处理厂的建设对于改善水环境状况有着十分重要的作用。目前，随着城市人口的增加和居民生活水平的提高，废水排放量正在不断地增加，城市污水处理厂也要相应地增加。因此，建设更多的污水处理厂是迫在眉睫的事。

3.加强公民的环保意识

改善环境不仅要对其进行治理，更重要的是通过各方面的宣传来增强居民的环保意识。居民的环保意识增强了，破坏环境的行为就自然减少了。

4.实现废水资源化利用

随着经济的发展，工业的废水排放量还要增加，如果只重视末端治理，很难达到改善目前水污染状况目的，所以我们要实现废水资源化利用。

5.家用水的净化

过滤—沉淀(明矾)—用活性炭除异味，去颜色—消毒(氯气，漂白粉)。在自来水管传递过程中有可能出现二次污染，所以饮用时要煮沸杀菌，而且还要用干净的杯子。另外，有条件的家庭可以安装家用健康饮水机。

6.强化青少年保护水资源意识

很多家庭并不太注重对青少年进行保护水资源的教育。教育要从小做起，养成保护水资源的意识。加强对青少年保护水资源的教育，拍宣传片、做宣传活动，让中国未来的每一个人都有保护水资源的意识。这样大量污染水资源问题就会渐渐减小。

7. 严格控制地下水源的开采

由于地表水源的紧缺造成地下水资超量开采的严重问题，使地下水资源处于匮乏，使地面产生不同程度的下沉，比较严重的是有些地区自来水厂的供水能力很大，售水量却很小，出现用水户采用打井使用自备水源的问题。

8. 落实污水处理费的收取

尽管政府有关部门多次要求各地区开征污水处理费，但至今尚有许多地区仍未征收，导致已建成污水处理厂不能投入正常运行，甚至引起承包商与行业主管部门发生合同争议。

9. 因地制宜，多途径，充分利用再生水资源

目前经处理的污水已用于生产冷却水、生活杂用水、园林绿化等领域中，但还不够广泛，应结合当地的具体实际开发利用途径，把水资源千方百计地利用起来，节约出更多优质水用于更需要的领域中去。

(三)任务实施与组织

(1)安排学生课前预习水体污染及其控制途径的有关内容，在教师的指导下，通过多种信息渠道查询水体污染及其控制途径的有关资料。

(2)通过近些年当地发生的水污染事件，汇总查找的相关资料，每人实地调查研究，了解区域性水污染的特征及危害，整理出一份调查研究报告，重点对水体污染情况及地方水污染治理提出合理化建议。

(3)小组讨论，用集体的智慧完成一份较好的综合的“×××地区水体污染及其控制途径调研报告”。

(4)每组选一个代表，在全班讲解小组的“×××地区水体污染及其控制途径调研报告”的形成、思路、学习收获，组员补充收获的内容。

(5)教师组织发动全班同学讨论、评价各小组的学习与调查研究情况，达到全班同学共享学习资源和收获体会，巩固所学的知识内容。

三、学习拓展

学员利用网络查询并阅读 GB(国家标准)《生活饮用水卫生标准》。

四、任务巩固

1. 结合实际分析水污染对农业生产的影响。
2. 我国江河的主要污染源是什么?

任务三 认知水资源监测措施及有效利用

一、学习准备

(一)知识准备

1.为什么要开展水资源监测

水是生命之源、生产之要、生态之基。兴水利、除水害、事关人类生存、经济发展、社会进步,历来是治国安邦的大事。因此,必须建立最严格的水资源管理制度:建立用水总量控制制度、建立用水效率控制制度、建立水资源水功能区限制纳污制度、建立水资源管理责任和考核制度。

水资源监测是水资源管理和保护的重要基础工作。近年来,全国水文系统强化了地表水、地下水的水量和水质监测,加强了水资源评价和分析论证等工作,为水资源管理和保护提供了大量信息,起到了重要的技术支撑作用,做出了重要贡献。但总体来说,目前水资源监测措施还比较薄弱,还不能满足实行最严格水资源管理制度的要求。我们应该熟悉水资源监测措施以更有效利用和保护水资源。

2.水资源监测的目标和方法措施

(1)水资源监测目标。水资源监测目标一般包括地表水监测目标、取水计量监测目标、行业用水监测目标、地下水监测目标、水质监测目标5个方面。

(2)水资源监测的方法措施。一是要加快水文站网建设、夯实水利发展基础;二是加强水文监测,提高应急监测能力;三是加强水文服务,全面提高服务水平;四是切实加强对水文工作领导,积极推进水文现代化。

3.水资源监测断面布设和监测方法措施

(1)地表水监测按对省界断面和对区市县行政区界控制断面分别进行布设。一般情况下,对水位的监测应采用自动监测记录方法;流量测验主要采取巡测、自动测流等技术。当流量监测断面通过测流断面整治、单值化等技术处理能建立稳定可靠的水位流量关系时,尽量采取自动监测水位以摄取流量的方法。

(2)地下水监测应依托现有地下水监测站网,提高地下水自动监测能力。对于浅层地下水,长江以北地区每县(长江以南地区每地市)应选择3~5眼地下水监测井为控制代表井,并结合现有监测井,通过点与区域相结合的方法,实现对地下水位监督控制。对于深层承压水,长江以北地区每县(长江以南地区每地市)应选择

1～3 眼地下水监测井为控制代表井，并结合现有测井，通过点、区域和开采量结合方法，实现对承压水监控。对地下水超采区、大中型水源地、海水入侵区、大中城市建成区、大型调水工程沿线等特殊类型区应适当加密监控，满足地下水控采的要求。一般情况下，对地下水开采量的监测，农业用水监测应采用典型监测与调查统计相结合的方法；工业和居民用水监测宜采用调查统计和综合分析方法，主要进行抽样监测与复核。

(3)取用水量监测主要开展对农业、工业和居民用水的典型监测与调查，满足对取用水指标的监测监督考核要求。其中：

①农业取用水的监测，主要对全国大型灌区斗口以上取水口进行监测与水量复核，并对重要的中型灌区进行抽样监测与统计复核。

②工业取用水的监测，主要对工业取水用户进行抽样监测与统计复核。对代表性七大高用水行业(火力发电、石油炼制、钢铁、纺织、造纸、化工、食品等)主要产品用水定额进行监测评价，对其用水量的供、用、耗、排等环节监测，开展水平衡测试分析。

③居民用水的监测，重点针对居民用水习惯、用水器皿以及节水意识等进行抽样调查，抽样核查用水量(水表)。

④水质监测按国家重要江河湖泊水功能区监测及国家重要饮用水水源地监测开展。

饮用水水源地监测断面的布设中，对于河流监测断面，一般在水厂取水口上游 100 m 处设置监测断面，同一河流有多个取水口，且取水口之间无污染源排放口的，可在最上游 100 m 处设置监测断面，对于湖、库监测断面，原则上按常规监测点位采样，但每个水源地的监测点位至少应在 2 个以上，采样深度应在水面以下 0.5 m 处。

4.对进一步加强水资源监测的要求

(1)加强需求调研。密切与水资源管理部门的联系，及时了解实行最严格水资源管理的新需求。同时，要尽快摸清辖区内河湖情况、监测情况、河道污染等情况。

(2)开展站网规划。在需求调研和摸清情况的基础上，按照水资源监测目标，规划水资源监测站网，统筹完善布设监测站点(断面)，加强和提高自动监测能力以及应急监测能力建设，并纳入“十二五”水文建设规划中。

(3)加强监测工作，要因地制宜，有计划、分阶段地逐步扩大水资源监测范围，在具备条件的水文测站应首先开展监测，以尽快满足实行最严格水资源管理的要求。

(4)理顺水文体制。目前的水文机构设置主要是根据流域水系防洪和水利水电工程建设需要进行的。水资源管理主要是以按省、市、县行政区为单元进行。因此，水文部门要积极推进双重管理体制建设，尽快完善和建立地市级、县级水文机构。

(5)争取经费投入，多渠道争取水资源监测经费，将水资源监测分析等业务工作纳入各级财政预算。同时也希望各级水行政主管部门能在水资源费等专项经费安排上向水文倾斜，在水资源费中明确一定比例或一定经费用于水资源监测，保证水资源监测工作正常运行。

（二）资料准备

1. 图书馆或资料室

利用图书馆或资料室的书籍或报刊，查找《欧盟水框架指令》，尤其是近年来国际上享有盛誉的水领域的框架性法令，对于指导水生态监测、开展水资源管理具有很好的参考价值。

2. 电脑、网络、新媒体

利用电脑上网或利用手机上 Wifi 等，查找阅读《国务院关于实行最严格水资源管理制度的意见》。

3. 教师准备的资料

有关水资源监测的相关文章及影片资料。

二、任务设计与实施

【任务设计】

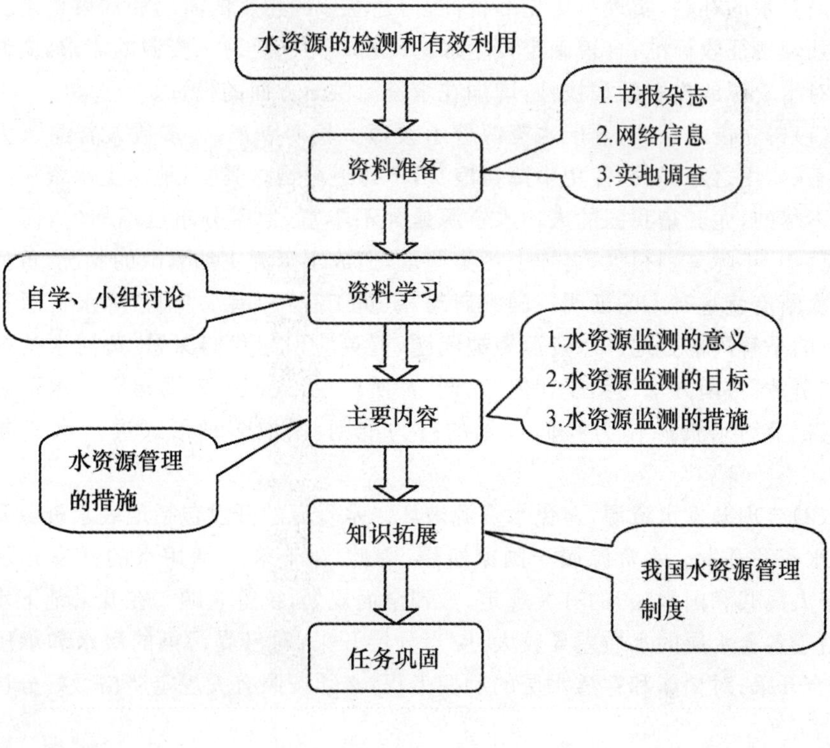

【任务实施】

(一)提出问题

怎样有效利用有限水资源?

(二)分析讨论

1.发展水的开源节流和净化技术

水产业的目标是净化井水、河水和雨水,淡化海水,处理污水,以及建设相应的配套设备设施。要大力开发和推广节水技术和节水器具。鼓励水资源利用技术创新,以减少污染,提高水资源的利用率,建设节水型社会。

2.完善水资源保护体制

建立健全政府调控、市场引导、公众参与的节水社会管理体制。坚持"合理收费,污染罚款"的原则,建立水的消费和可持续利用的新机制。鼓励节约用水,防止地下水位的不断降低,让有限的水资源得到合理开发和使用,尤其要把保护好饮用水源作为水资源建设的首要任务。

3.用市场手段管理水资源

运用市场手段,形成有利于节约用水和水资源合理利用的水价形成机制。逐步取消对水的补贴,实现市场化顺价经营,建立节约用水的激励和约束机制。提高污水处理费征收标准,合理确定再生水的价格。为满足对水资源的需求,应调动各方面对水资源的投资的积极性,增加在水资源供给方面的投资。

(1)树立惜水意识,开展水资源警示教育。长期以来,大多数人普遍认为水是取之不尽,用之不竭的,使用中挥霍浪费,不知道珍惜。其实,地球上水资源并不是用之不尽的,尤其是我国的人均水资源量并不丰富,地区分布也不均匀,而且年内变化莫测,年际差别很大,再加上污染严重,造成水资源更加紧缺的状况,黄河水多处多次断流就是有力的证明。国家启动"引黄工程"、"南水北调"等水资源利用项目,目的是解决部分地区水资源短缺问题,但更应引起我们深思:黄河水枯竭时到哪里"引黄"?南方水污染了如何"北调"?所以说,人们一定要建立起水资源危机意识,把节约水资源作为我们自觉的行为准则,采取多种形式进行水资源警示教育。

(2)合理开发水资源,避免水资源破坏。水资源的开发包括地表水资源开发和地下水资源开发。水资源属于国家所用,因此,生产和生活用水的开发必须遵守《中华人民共和国水法》的有关规定,做到全面规划,统筹兼顾。在开采地下水的时候,由于各含水层的水质差异较大,应当分层开采;对已受污染的潜水和承压水不得混合开采;对揭露和穿透水层的勘探工程,必须按照有关规定严格做好分层止水和封孔工作，有效防止水资源污染，保证水体自身持续发展。

现代水利工程，如防洪、发电、航运、灌溉、养殖供水等在发挥一种或多种经济效益的同时，对工程所在地、上下游、河口乃至整个流域的自然环境和社会环境都会产生一定的负面影响，也可能造成一定范围内水资源破坏，因此，自20世纪70年代以来，许多国家对水利工程进行环境评价。我国要求在水利工程可行性研究阶段即进行环境评价，大型工程和一般中型工程要编写环境影响报告，对环境影响较小的中型工程和小型工程要编写环境影响评价表。另外，一些采矿行业对水资源的破坏不容忽视，如煤炭开采中每采一吨煤要排漏0.88 m^3水，按某省年采煤3亿t计算，每年仅因采煤损失地下水资源高达2.5亿m^3，并对地下水体地质构造造成极大的破坏。又如，无限度的乱砍滥伐，造成植被严重破坏，对水土保湿及水资源的地表埋藏也会造成一定的影响。

(3)提高水资源利用率，减少水资源浪费。有效节水的关键在于利用“中水”，实现水资源重复利用。如果中水利用能在全社会范围内通行，不仅能带来可观的经济效益和环境效益，又能令社会形成一种珍惜水资源的良好风气。目前，许多大中型企业已经开发利用中水，如霍州煤电集团各个矿井都利用中水返回井下洒水和地面冲厕，取得了良好的经济和社会效益。另外，利用经济杠杆调节水资源的有效利用。由于水管理不到位，很多地方有长流水现象发生，而有些地方会“捧碗祈天”，因此，必须安装有效的水计量装置，执行多用水多计费的原则，达到节约用水的目的。城市用水定额管理是国际上通行的办法，它是在科学核定用水量的前提下，坚持分类对待的原则，市民生活用水、工商企业用水、机关事业团体用水实行不同的水价，定额内平价，超额部分适当加价，以培养公民节约用水的习惯。

在节约用水资源的同时应避免无效浪费。北方的冬季，水管很容易冻裂，造成严重的漏水，应特别注意预防和检查；跨流域调水已经成为我国北方城市的必然选择，跨流域调水必然带来水资源供需关系的变化，所以水权交易必在实行；由于我国一直实行“福利水”制度，水没有被当作一种经济商品对待，所以，在水资源的配制上，市场机制通常被管制方法所替代，当前应当转变观念，认识到水资源的自然属性和商品属性，遵循自然规律和价值规律，确实把水作为一种商品，合理应用市场机制配置水资源，减少资源浪费。

(4)进行水资源污染防治，实现水资源综合有效利用。水体污染包括地表水污染和地下水污染两部分，生产过程中产生的工业废水、工业垃圾、工业废气、生活污水和生活垃圾都能通过不同渗透方式造成水资源的污染。长期以来，由于工业生产污水直接外排而引起的环境事件屡见不鲜，它给人类生产、生活带来极坏影响，因此，应当对生产、生活污水进行有效防治。在城市可采取集中污水处理的途径；

工业企业必须执行环保"三同时"制度;生产污水据其性质不同采用相应的污水处理措施。总之,我们必须坚决执行水污染防治的监督管理制度,必须坚持谁污染谁治理的原则,严格执行环保一票否决制度,促进企业污水治理工作开展,最终实现水资源综合利用。

水是地球生物赖以存在的物质基础,水资源是维系地球生态环境可持续发展的首要条件,总之,保护好现有水资源,减少并根治水污染,开源节流,科学合理用水,才能确保生命之水源远流长。

水是生命的源泉,是不可替代的宝贵资源。水与经济社会的发展及人们的日常生活息息相关。就目前人类的使用情况来看,只有淡水才是主要的水资源,只有淡水中的一小部分能被人们使用。淡水是一种可以再生的资源,其再生性取决于地球的水循环。随着工业的发展,人口的增加,大量水体被污染;为抽取河水,许多国家在河流上游建造水坝,改变了水流情况,使水的循环、自净受到了严重的影响。我国水环境的前景也令人担忧。我国是一个水资源短缺、水灾害频繁的国家,面对严峻的缺水、水污染问题,我们应积极行动起来,珍惜每一滴水,采取节水技术、防治水污染、植树造林等多种措施,有效合理利用和保护水资源。

(三)任务实施与组织

(1)安排学生课前预习水资源监测及有效利用措施有关内容,在教师的指导下,通过多种信息渠道查询水资源监测措施及有效利用有关资料。

(2)调查走访一些水资源管理、处理和检测机构,了解水资源管理、检测的实际状况,分析这些机构在水资源的利用和水污染防治过程中发挥的作用,每人写一份调查研究报告。

(3)小组讨论,用集体的智慧完成一份较好的综合的"×××地区水资源监测及有效利用措施调研报告"。

(4)每组选一个代表,在全班讲解小组的"×××地区水资源监测及有效利用措施调研报告"的形成、思路、学习收获,组员补充收获的内容。

(5)教师组织发动全班同学讨论、评价各小组的学习情况,达到全班同学共享学习资源和收获体会,巩固所学的知识内容。

三、学习拓展

我国实行最严格水资源管理制度

2012 年 1 月 12 日,国务院以国发〔2012〕3 号文件发布了《国务院关于实行最严格水资源管理制度的意见》,这是继 2011 年中央 1 号文件和中央水利工作会议明确要求实行最严格水资源管理制度以来，对实行该制度作出的全面部署和具体安排。

《意见》明确了主要目标：确立水资源开发利用控制红线，到2030年全国用水总量控制在7 000亿 m^3 以内；确立用水效率控制红线，到2030年用水效率达到或接近世界先进水平，万元工业增加值用水量（以2000年不变价计）降低到40 m^3 以下，农田灌溉水有效利用系数提高到0.6以上；确立水功能区限制纳污红线，到2030年主要污染物入河湖总量控制在水功能区纳污能力范围之内，水功能区水质达标率提高到95%以上。

最严格水资源管理制度红线控制目标

1. 用水总量控制指标

以2008年《水资源公报》统计的全国用水量5 910亿 m^3 为基础，2015年，全国用水总量控制在6 200亿 m^3 以内；2020年，全国年用水总量力争控制在6 700亿 m^3 以内；2030年，全国用水总量力争控制在7 000亿 m^3 以内。

2. 用水效率控制红线

(1)监督考核指标。2015年，全国万元工业增加值用水量比现状下降30%以上，农业灌溉水有效利用系数提高到0.53以上。

(2)监测评价指标。2015年，农田实际亩均灌溉用水量降到400 m^3 以下，规模以上工业企业用水重复率提高到90%，城镇节水器具普及率达到85%以上。

3. 水功能区限制纳污红线

2015年，饮用水源区水质达标率总体上不低于90%，省界缓冲区水质达标率不低于60%，保护区和保留区水质达标率有所提高。全国重要江河湖泊水功能区水质化学需氧量(COD)和氨氮达标率达到60%以上。

注：氨氮是指水中以游离氨(NH_3)和铵离子(NH_4^+)形式存在的氮。动物性有机物的含氮量一般较植物性有机物为高。同时，人畜粪便中含氮有机物很不稳定，容易分解成氨。因此，水中氨氮含量增高是指以氨或铵离子形式存在的化合氨。

地表水水源地监测

地表水水源地监测对象为集中式地表饮用水水源地，分为河流型和湖库型两类。地表水水源地监测包括水质与水量两部分内容。对于水量监测，河流型水源地应监测水位和流量要素，湖库型水源地应监测其水位并换算成蓄水量。

河流型水源地水质监测必测项目为32项，选测项目为80项；湖库型水源地中必测项目为34项，选测项目为80项。具体监测项目如表2-1规定。

表 2-1 地表水水源地检测项目表

监测项目类别	必测项目	选测项目
河流型水源地	水温、pH、溶解氧、高锰酸盐指数、化学需氧量、五日生化需氧量、氨氮、总磷、总氮、铜、锌、氟化物、硒、砷、汞、镉、六价铬、铅、氰化物、挥发酚、石油类、阴离子表面活性剂、硫化物、粪大肠菌群、氯化物、硫酸盐、硝酸盐、总硬度、电导率、铁、锰、铝，共 32 项	三氯甲烷、四氯化碳、三溴甲烷、二氯甲烷、1,2-二氯乙烷、环氧氯丙烷、氯乙烯、1,1-二氯乙烯、1,2-二氯乙烯、三氯乙烯、四氯乙烯、氯丁二烯、六氯丁二烯、苯乙烯、甲醛、乙醛、丙烯醛、三氯乙醛、苯、甲苯、乙苯、二甲苯、异丙苯、氯苯、1,2-二氯苯、1,4-二氯苯、三氯苯、四氯苯、六氯苯、硝基苯、二硝基苯、2,4-二硝基甲苯、2,4,6-三硝基甲苯、硝基氯苯、2,4-二硝基氯苯、2,4-二氯苯酚、2,4,6-三氯苯酚、五氯酚、苯胺、联苯胺、丙烯酰胺、丙烯腈、邻苯二甲酸二丁酯、邻苯二甲酸二(2-乙基己基)酯、水合肼、四乙基铅、吡啶、松节油、苦味酸、丁基黄原酸、活性氯、滴滴涕、林丹、环氧七氯、对硫磷、甲基对硫磷、马拉硫磷、乐果、敌敌畏、敌百虫、内吸磷、百菌清、甲萘威、溴氰菊酯、阿特拉津、苯并(a)芘、甲基汞、多氯联苯、微囊藻毒素-LR、黄磷、钼、钴、铍、硼、锑、镍、钡、钒、钛、铊，共 80 项
湖库型水源地	除以上 32 项外，还应加测叶绿素、透明度，共 34 项	同上述 80 项

四、任务巩固

1. 我国为什么确立水资源开发利用控制红线？

2. 怎样才能实现水资源的综合有效利用？

本项目评价反馈

一、自我评价

1. 为了我国水资源概况及有效利用的学习任务，你都做了哪些准备？

(1)查找了哪些资料？

(2)你有哪些看法？

2. 运用所学的知识，分析你熟悉的水资源的实例，体会水资源保护和有效利用上的意义。

3. 通过自学、讨论和调研，你有什么收获？

二、小组评价

从学习态度、学习方法、团队合作和学习能力的提升等方面评价。

序号	评价项目	评价情况
1	与其他同学口头交流学习内容是否流畅	
2	是否尊重他人	
3	学习态度是否积极主动	
4	是否服从教师的教学安排	
5	是否能保持学习环境的干净整洁	
6	是否遵守学习场所的规章制度	
7	是否达到全勤	
8	团队学习中主动与合作的情况如何	

参与评价的同学签名________________

三、综合评价

1. 教师评价

(1)对整个学习内容的小结归纳；

(2)对学习过程的总体评价。

教师签名________________

2. 学生评价

(1)对教师授课效果的评价；

(2)对学习效果的评价。

学生签名________________

项目三　气候资源与气象灾害

【项目目标】

完成本项目学习任务后，你应该能：

1. 认知我国气候资源及其分布特点。

2. 把握大气污染对农业的危害及综合防治方法。

3. 熟知主要农业气象灾害及减灾对策。

【项目任务描述】

本项目分为认知我国气候资源及其分布特点、掌握大气污染对农业的危害与综合防治方法、熟知气象灾害与减灾措施 3 个任务。通过本项目各任务的操作与学习，能让学员，使学员能够认知我国气候资源和农业气候资源的分布特点；把握大气污染对农业的危害及综合防治方法；熟知主要农业气象灾害及减灾对策等，增强对本项目工作任务的学习兴趣，培养查阅资料、观察分析与科学利用气候资源来指导农业生产等能胜任岗位工作的职业素质。

任务一　认知我国气候资源及其分布特点

一、学习准备

（一）知识准备

光照、热量和水分等气候因子是农作物生长发育必不可少的基本要素，它们的数量和组合，构成了各种各样的气候类型，强烈地影响和制约着各地的农业结构和布局，因而成为农林牧副渔各业的重要自然资源。通常气候资源是指广泛存在于大气圈中的太阳辐射、热能、降水、风能等可以为人们直接或间接利用，能够形成财富，具有使用价值的自然物质和能量，是一种十分宝贵的可以再生的自然资源。作为一种可再生资源，气候资源是人类社会赖以生存和发展的基本条件，已被广泛用于国计民生的方方面面。同时，它也是未来人们重要开发利用的丰富而理想的资源，只有保护好这种资源，才可以取之不尽，用之不竭。

我国气候资源丰富，有利于农林牧副渔各业的发展，但是，因为受东亚季风影响，气候要素年际变化不稳定，常发生干旱、雨涝、低温、干热风等气象灾害。

1．太阳辐射资源

太阳能对人类是取之不尽、用之不竭的广泛存在和可自由利用的能源。我国太阳辐射资源比较丰富，但由于地理纬度、海拔高度、地形和天气状况的影响，太阳能资源分布差异较大，因此其分布具有明显的地域性。

我国年辐射总量的分布呈西多东少的态势。丰富区主要集中在西藏、青海、新疆、甘肃、宁夏和内蒙古等西部地区，尤其是青藏高原地区，平均海拔高度在 4 000 m 以上，全年气候干旱，云量稀少，大气透明度好，日照时间长，太阳辐射总量最大，仅次于撒哈拉大沙漠，居世界第二位，其中拉萨是世界著名的“日光城”，年平均日照时间为 3 005.7 h。全国以四川和贵州两省的太阳年辐射总量最小，其中尤以四川盆地为最，那里雨多、雾多，晴天较少。例如，素有“雾都”之称的成都市，年平均日照时数不足 1 200 h。

我国南方气候较为湿润，各季太阳高度角和昼长的差异较小；北方气候较为干燥，冬夏太阳高度角和昼夜差异较大。因此，太阳总辐射的年变幅是从低纬度向高纬度增大的。即我国南部总辐射是年内分配比较均衡，而北部则集中于夏季，表明我国南方太阳能资源的利用季节较北方长。

按接受太阳能辐射量的大小，全国大致上可分为五类地区。

表 3-1 我国太阳能辐射量分类

地区类型	年日照时数 /(h/年)	年辐射总量 /(MJ/m²·年)	等量热量所需标准燃煤/kg	包括的主要地区	备注
一类	3 200～3 300	6 680～8 400	225～285	青藏高原，甘肃北部，宁夏北部、新疆南部，青海西部，西藏西部	最丰富地区
二类	3 000～3 200	5 852～6 680	200～225	河北西北部，山西北部，内蒙古南部，宁夏南部，甘肃中部，青海东部，西藏东南部，新疆南部	较丰富地区

续表 3-1

地区类型	年日照时数/(h/年)	年辐射总量/(MJ/m²·年)	等量热量所需标准燃煤/kg	包括的主要地区	备注
三类	2 200～3 000	5 016～5 852	170～200	山东,河南,河北东南部,山西南部,新疆北部,吉林,辽宁,云南,陕西北部,甘肃东南部,广东南部,福建南部、江苏北部和安徽北部	中等地区
四类	1 400～2 000	4 180～5 016	140～170	湖南,广西,江西,浙江,湖北,福建北部,广东北部,陕西南部,安徽南部	较差地区
五类	1 000～1 400	3 344～4 180	115～140	四川大部分地区,贵州	最差地区

如表 3-1 所示，一、二、三类地区,年日照时数大于 2 000 h,辐射总量高于 586 kJ/(hm²·年),是我国太阳能资源丰富或较丰富的地区,面积较大,占全国总面积的 2/3 以上,具有利用太阳能的良好条件。四、五类地区虽然太阳能资源条件较差,但仍有一定的利用价值。

2. 热量资源

足够的热量是保证植物进行正常生理活动所必需的环境条件。热量资源是指人类生产活动和生活所必需的资源,是决定作物种类和熟制的最重要因素,通常以温度统计量来表示。热量资源主要来自于太阳辐射。我国热量分布规律是由北向南逐渐增加。一般纬度越高积温越少,海拔越高积温越少。积温的多少不仅影响作物的布局,而且影响熟制。当日均气温稳定上升到 10℃以上时,大多数农作物才能活跃生长。把≥10℃持续期内的日平均气温累加起来,得到的气温总和,叫做活动积温。活动积温反映了一个地方气候对农作物所提供的热量条件,是划分温度带的主要指标。我国从北到南可以划分为 5 个温度带,分别为:寒温带、中温带、暖温带、亚热带及热带,另外还有一个特殊的高原气候区。

我国季风气候显著,加之地形复杂,温度四季分明,年际变化大。我国冬季风力强盛,北方的强劲寒流由陆入海,全国大部分地区最冷月份都出现在 1 月份,反映出我国大陆性季风气候的特征。夏半年,东南季风吹向大陆,气候炎热,水分充沛,最热月份绝大部分地区出现在 7 月份,仅西南的部分地区在西南季风影响之前的五六月份为一年中最热月份。

中国热量资源丰富多样,夏季温度比世界同纬度地区偏高,高温和雨季基本同时出现的特点为农、林、牧各业的发展和各种农作物的生长发育提供了适宜的热量条件，形成了中国农业类型、种植制度和作物分布的多样性。但是中国温度、降水年际变化较大，热量资源不稳定，冬季寒冷，各地不同程度地存在着低温冷害、霜冻、寒害等农业气象灾害，水热组合有时也不够协调，这些都限制了热量资源的利用，对农业的持续稳定发展不利。因此，在规划和指导农业生产时，要充分认识中国热量资源的特点和分布规律，合理利用，扬长避短。

3. 降水资源

水作为一种气候资源是人类生存必不可少的条件，对日常生活和工农业生产有着极其重要的影响。我国年降水量分布总体趋势为从东南向西北内陆减少。年降水量最多的地区是台湾、海南、广东中部和北部湾西北部；年降水量最少的地区为柴达木盆地、塔里木盆地；我国西北干旱区严重缺水，除了制约经济发展外，还会加快当地的荒漠化进程，对整个国家的生态、环境都将造成严重影响。即使在水资源丰富的西南地区也存在局地性的水资源贫乏。

降水的季节分配对农业生产有很大影响。我国绝大部分地区的降水，主要集中在夏季，雨热同期，对农业生产极为有利。降水的地区和季节分布不均匀，年际变化较大，这是形成旱涝灾害的一个重要因素。因此，加强水利建设，提倡节约用水，在一些地区推广节水农业，具有特别重要的意义。

4. 风能资源

我国幅员辽阔、海岸线长，陆地面积约为 960 万 km^2，海岸线（包括岛屿）达 32 000 km，拥有丰富的风能资源，并具有巨大的风能发展潜力。我国气象局在 2009 年公布了最新的离地面高度为 50 m 的风能资源测量数据，其中达到三级以上风能资源陆上潜在开发量为 2 380 GW（三级风能资源指风功率度大于 300 W/m^2），达到四级以上风能资源陆上潜在开发量为 1 130 GW（四级风能资源指风功率密度大于 400 W/m^2），而且 5～25 m 水深线以内的近海区域三级以上风能资源潜在开发量为 200 GW。

我国的风能资源分布广泛，其中较为丰富的地区主要集中在东南沿海及附近岛屿以及北部（东北、华北、西北）地区，内陆也有个别风能丰富点。此外，近海风能资源也非常丰富。

我国风能资源的季节性很强，一般春、秋和冬季丰富，夏季贫乏，不过风能资源的季节分布恰好与水能资源互补。我国水能资源是夏季丰富，雨季在南方大致是 3～6 月份或 4～7 月份，因此，大规模发展风力发电可以在一定程度上弥补我国水电冬春两季枯水期发电电力和电量的不足。

(二)资料准备

1.图书馆或资料室

利用图书馆或资料室的书籍或报刊,查找有关我国太阳辐射、热量资源、降水、风力等信息资料。

2.电脑、网络、新媒体

利用电脑上网或利用手机上 Wifi 等,查找有关太阳辐射、热量资源、降水、风力等信息资料。

3.教师准备的资料单

关于我国气候资源的相关文章。

二、任务设计与实施

【任务设计】

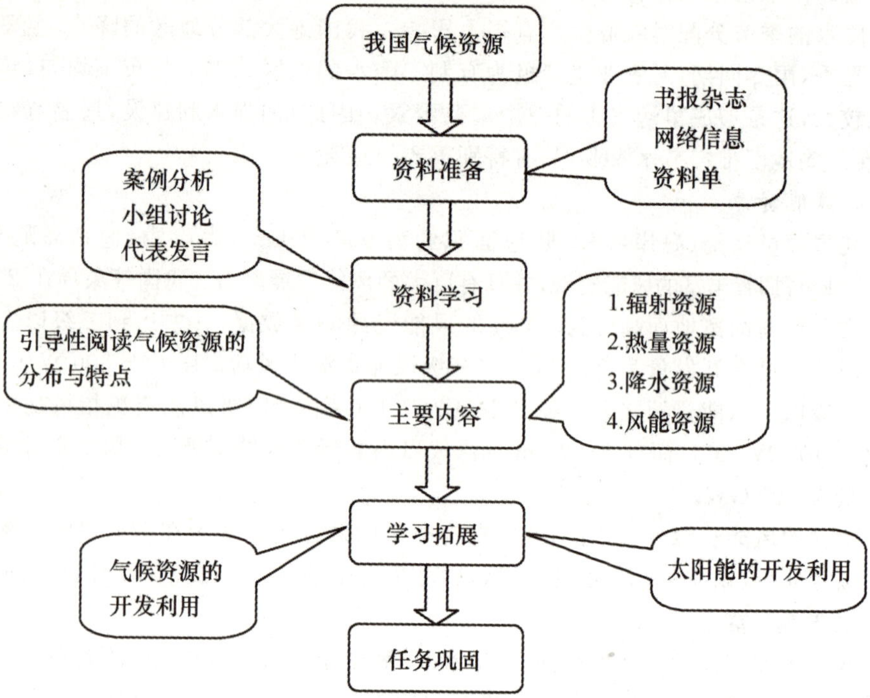

【任务实施】

(一)引导性阅读

气候资源是自然资源中影响农业生产的最重要的组成部分之一,它提供的光、热、水、空气等能量和物质,对农业生产类型、种植制度、布局结构、生产潜力、发展远景,以及农、林、牧产品的数量、质量和分布都起着决定性作用。因此,气候对一个地区的农业产业结构、作物和品种分布、种植制度、栽培耕作及农事作业往往起到决定性的作用。如我国华南南部水稻可一年三熟,江南可一年两熟,北方只能一年一熟;秦岭、淮河以北为旱作农业,平原有补充灌溉;西北干旱地区的农业集中分布在有灌溉条件的绿洲。水牛分布在南方,黄牛和马分布在相对湿润的草甸草原,干草原以绵羊为主,荒漠草原以山羊和骆驼为主,青藏高原为牦牛和藏羚羊。

第一,光照是绿色植物生活的必要条件。只有在太阳光的照射下,绿色植物才能进行光合作用,把无机物合成为有机物。

第二,热量是决定植物分布的重要因素。从赤道到两极,热量分布的有规律变化,为地面上各种植物带的有规律变化奠定了基础;同理,高山地区植物的垂直带分布现象,也是从山麓到山顶热量分布不均匀的反映。绿色植物光合作用的效率,与热量的关系更为密切,光合作用最适宜的温度是20～30℃,其下限温度为0～5℃,这对规划作物布局、安排农事活动等都有重要的指导意义;一个地区热量的累积值不仅决定该地区作物的熟制,还决定着农作物的分布和产量。

第三,水分条件制约着农作物的生长,不同的农作物需水量不同。需水较多的农作物有水稻、甘蔗、茶叶等,需水较少的农作物有甜菜、小麦、玉米和高粱等。棉花在播种期和生长期需水较多,采摘期需水较少。我国的降水主要受夏季风的影响,分布上东南多、西北少。大致以400 mm年等降水量线为界,东部为种植业,西部为畜牧业。大致以800 mm年等降水量线为界,南方为水田农业,北方为旱作农业。

(二)总结农业气候资源分布特点

农业气候资源是指一个地区的气候条件对农业生产所提供的各种天然物质和能源及对农业生产发展的潜在能力。作为农业气候资源的光、热、水、气等气候因子是农作物生长发育所必需的条件。

1.农业气候资源的分布

中国位于世界最大的欧亚大陆的东部,西北部深入内陆腹地,东临世界最大的太平洋,大部分国土处于中纬度西风带。在海陆的热力差异与大气环流的共同作用下,形成中国特有的大陆性季风气候,其基本特征是四季分明,雨热同季,光照充足，热量资源丰富多样，水资源分布不均，地形复杂，气候的垂直差异大，气候类型多样导致丰富的生物多样性，气候要素的季节和年际波动大，灾害频繁。

全国可分为东部季风区、西北干旱区和青藏高原区三大气候区，其中东部季风区集中了全国95%的人口，是主要的农业区。冬季北方盛行西北风，南方盛行东北风，相对干燥寒冷；夏季盛行东南风或西南风，温暖湿润。

从热量条件看，我国东部自南向北气候带依次分布，南沙群岛为赤道带，华南南部为热带，华南为南亚热带，江南为中亚热带，秦岭、淮河到长江之间为北亚热带，秦岭、淮河与长城之间为暖温带，以北为中温带，东北最北部为寒温带。西北干旱区的大部为中温带，黄土高原南部和新疆南部为暖温带，新疆最北部为寒温带。

我国冬季南北气温差异很大，且明显低于世界同纬度地区，越向北偏低越突出。导致越年生作物和多年生喜温作物的分布界限要低于世界同纬度地区，如冬小麦的北界大致在长城附近，西部在北纬38°左右，东部达41°，而西北欧可种植到北纬55°以上。我国除长江三峡以外，柑橘种植北界为北纬28°，而欧洲在40°仍可安全种植，但我国夏季各地的温差较小，且夏季温度明显高于世界同纬度地区，使得一年生喜温作物的分布北界明显高于世界同纬度地区。如由于盛夏有十多天20℃的宝贵高温期，我国水稻可一直种到北纬52°的漠河，而西欧只能种到北纬40°左右。我国棉花种植在新疆最北可到47°，世界其他地区除与新疆临近的中亚外，到40°棉花已十分罕见。由于纬度较低和面积广大，地面加热作用显著，青藏高原农作物分布的海拔之高也为世界同纬度地区所罕见。

我国各地气温的年际变化也比世界其他地区要大，并且从南向北，从东向西逐步增大，气温的日变化也是从东南向西北递增。

从水分条件看，我国东南部和东北的长白山为湿润气候，大兴安岭以东，黄土高原东部和黄淮海平原为半湿润气候，内蒙古中东部和黄土高原西部为半干旱气候，贺兰山以西和青藏高原以北为干旱气候。

我国南方气候的湿润度明显大于世界同纬度地区，形成世界亚热带地区面积最大的水田农业区。但北方的气候要比世界同纬度地区更干燥，干旱更加频繁和严重。年降水量自东南向西北递减，蒸发潜力递增，来自海洋的水汽很难深入西北内陆，故有“春风不度玉门关”之说。春、夏随着西太平洋副热带高压的逐步北推，自南向北先后进入雨季。越往北，雨季到来越晚，时间越短，但雨季占全年降水的比重越大，雨量的年际变化也加大。江南在盛夏受副热带高压控制常出现伏旱，雨季分为春末初夏和初秋两段。

气候的地带分布决定了植被类型的分布。我国东部自北向南的植被类型依次是东北北部的寒温带针叶林、东北南部温带针叶阔叶混交林、华北的暖温带阔叶落叶林、长江流域的亚热带常绿阔叶林、华南南部的热带季雨林和热带雨林，半干旱和干旱气候区自东向西依次是温带草原和温带荒漠，青藏高原分布有高寒植被，具有明显的垂直分布。

气候的地带分布还决定了土壤类型的分布。我国东部湿润气候区为森林土壤带，西北半干旱、干旱地区自东向西依次为森林草原、草原和荒漠植被土壤带，西南高原和高山为高寒地区植被土壤带。

2.农业气候资源的特点

气候资源作为农业自然资源的重要组成部分，与土壤、海洋、植被、水体等其他国土资源相互依存和制约，共同影响着农业的持续发展。在分析和利用气候资源时，不能脱离对其他农业自然资源的分析和利用。农业气候资源具有与其他农业自然资源不同的若干特点。

(1)无限循环的可更新性与具体时空的有限性。气候资源既可以年复一年地永续利用，又必须不违农时，不能超前和超量提取。在一定时段和一定空间内，对气候资源的过度和超量利用会导致人为气候灾害的发生。如超量利用湖泊、水库、河流水量和地下水，会加剧次年的干旱，使用生育期过长的品种不能在秋霜前正常成熟，或者不得不延误下茬作物的播种而人为导致冷害。

(2)一定的波动性和相对稳定性。气候要素具有年际和季节的波动，农业灾害的发生通常都与气候的异常相联系，在安排农业生产时必须考虑气候要素的波动幅度和保证率，适当留有余地。但是气候的变异又是有一定范围的，总是围绕其多年平均值上下波动，确定一个地区的种植制度、主要作物和品种的布局都需要依据该地区的多年平均气候状况。

(3)相对性。不同种类的农业生物对气候要素的适应范围有很大差异，有利与不利在一定条件下可以相互转化，对这一种生物有利的气候条件，对另一种生物则可能是不利的。如夏季冷凉不利于水稻、棉花等喜温作物的生长，但适合马铃薯、甜菜等喜凉作物。多云雾的丘陵不利于大多数谷物和棉花等喜光作物，但对优质茶叶和烟叶的形成有利。总之，某种气候要素之所以能够成为农业自然资源，必须以能够适应某种农业生物生长发育的需要为前提。

(4)适度性和非线性。由于农生物的生长发育对光、温、水、气等主要气候要素都有其最低、最适合、最高等三基点值，因此，气候资源具有非线性特征，不像森林、矿产等其他自然资源那样多多益善。只有在适宜范围内，才构成可利用的农业气候资源。超出适宜范围就有可能形成逆境或灾害。

(5)气候要素的相互制约和共同作用。光、温、水、气等气候要素之间具有相互制约性，某种要素过多或不足会影响到其他要素的可利用程度，要特别注意瓶颈要素的制约作用并努力克服。如我国东北地区的光照和水分条件都较好，但热量往往不足；西北光照和热量条件较好，水分不足；西南具有优越的水分和热量条件，但光照往往不足。不同地区都要针对短缺气候要素制定克服和弥补的对策，针对优势资源确定开发利用的措施。如西北要选择节水耐旱的作物和品种，东北要在提高冷季地面温度和克服冷害上下功夫；西南要选用喜湿耐阴作物。

(6)区域性和相似性。气候的区域差异形成了农业生物多样性和农业生产地区的自然基础。突出区域农业特色可形成本地区特有的农产品优势。在从外地和国外引种新的物种或优良品种时，必须遵循气候相似原理，即从生态气候相似地区引种比较容易成功，风险和成本均较低，而从气候不太相似地区引种往往失败。

(7)气候的可塑性。人类活动对全球或局地的气候资源能产生有利或不利影响，如滥垦滥伐造成水土流失和局地气候恶化，造林、灌溉、修建水库往往可以改良一地的气候，设施农业可创造人类所需要的有利的农业小气候环境。

(8)气候的潜在可利用性。气候资源与土地、森林等其他农业自然资源不同，气候资源对于农业只是一种潜在的可利用资源。开发利用气候资源，尤其需要运用农业气象科技趋利避害，才能使之转化为现实的物质和能量资源。因此，对气候资源的充分开发利用是农业可持续发展的一个重要标志。

(9)密度低，不易天然汇集，具有流动性和无边界性，往往有值无价。气候资源由于上述特点一般不能直接形成商品，往往容易被人们所忽视。要使气候资源转化为现实的经济效益，需要在农业生产过程中自觉地充分利用有利的气候因素，克服不利的气候条件，使气候资源转化到农业生物的品质和产量等物质载体上。

中国是土地、淡水、森林等人均农业自然资源不足的国家，充分合理利用气候资源是挖掘生产潜力的重要途径，也是农业科技进步和可持续发展能力建设的重要标志。

(三)任务实施与组织

(1)安排学生课前预习气候资源、太阳辐射、降水资源、风能资源等有关内容。

(2)在教师的指导下，通过多种信息渠道查询资料；调查你家乡农业气候资源的分布及特点。

(3)小组讨论，通过头脑风暴法扩大学习成果，并集中集体智慧完成一份较好的《×××地区风能利用可行性建议报告》。

(4)每组选一个代表，在全班讲解小组的《×××地区风能利用可行性建议报告》的形成、思路、学习收获，组员补充收获的内容。

(5)教师组织发动全班同学讨论、评价各小组的学习情况，达到全班同学共享学习资源和收获体会，巩固所学的知识内容。

三、学习拓展

(一)农业气候资源的开发利用

1.挖掘气候生产潜力,提高作物单产

我国各地主要农作物光温生产潜力为现有产量水平的4～5倍,气候生产潜力为2～3倍,继续增产的余地很大。分析差距形成的因子,找出主要障碍因素,特别是瓶颈因素的克服途径,也就找到了挖掘生产潜力的症结所在。

2.气候资源与其他农业自然资源的优化配置

新垦荒土地应根据当地的气候条件种植适宜作物,采取适宜的种植制度和耕作方式,才能保证土地资源的永续利用。如内蒙古后山半干旱栗钙土草原经多开垦和掠夺式经营,风蚀日益严重,肥沃的表土丧失殆尽。采取等高种植和留茬间作等保护性耕作方法可减轻水土流失,同时将退化严重不适于耕作的土地退耕还草。

3.开发利用气候能源,改良生态环境

目前大部分农村能源不足,可利用气候能源节省能耗。如利用太阳能取暖、做饭,利用风能发电,利用低温储藏和干燥脱水等。新疆的吐鲁番盛产葡萄,就是利用了那里频繁的干热风来晾干,保持了葡萄干良好的色香味,可谓得天独厚。

4.利用气候相似原理引进优良品种

任何良种都是与一定的生态气候环境相适应的,只适用于一定的气候区。在此地为良种,到另一地因生态不适应就可能成为劣种。要想引种成功,必须遵循气候相似的原理,至少要在作物生育期间相似,或稍加调节后在农业设施内使之相似,才能成功。

5.开发利用山区的立体气候

我国山区面积广大,地形复杂。山区气候资源的最大特点就是立体性,不同海拔,不同部位,其气温、降水、光照、湿度、风力都不相同,因地制宜开发利用的潜力很大。

6.利用先进技术开发利用农业气候资源

如地膜覆盖、日光温室、遮阳膜、温室内二氧化碳施肥、干旱地区铺设不透水材料集雨补灌、人工增雨等。

(二)太阳能利用技术

太阳以电磁波的形式向宇宙辐射能量,称为太阳辐射能,简称太阳能。地球表面每平方米年辐射太阳能相当于200 t标准煤的发热量,而且太阳能是清洁、无污染、可再生的自然资源。太阳能取之不尽,用之不竭,充分开发利用太阳能不仅可以有效缓解人类能源短缺的状况,还可以有效地解决因过度使用常规能源所带来的生态环境污染问题。

我国幅员辽阔，纬度适中，太阳能资源十分丰富，平均每年日照时间超过 2 000 h，太阳能辐射年总量每平方米大于 5 018 MJ 的地区占全国总面积的 2/3 以上，太阳能利用技术有着广阔的发展前景。

目前，太阳能的利用方式主要有以下几种：

1. 太阳房

太阳房是一种利用太阳能采暖或降温的房子，用于冬季采暖目的的叫做“太阳暖房”，用于夏季降温或制冷的叫做“太阳冷房”，通称“太阳房”。人们常见加之利用的是前一种“太阳暖房”。

按目前国际上的惯用名称，太阳房分为主动式和被动式两大类。

主动式太阳房的一次性投资大，设备利用率低，维修管理工作量大，而且需要耗费一定量的常规能源。因此，对于居住建筑和中小型公共建筑已经为被动式太阳房所代替。

被动式太阳房具有构造简单，造价低，不需特殊维护管理，节约常规能源和减少空气污染等许多独特的优点。被动式太阳房作为节能建筑的一种形式，集绝热、集热、蓄热为一体，成为节能建筑中具有广泛推广价值的一种建筑形式。

2. 太阳热水器（或系统）

太阳热水器（或系统）是利用太阳的辐射能将冷水加热的一种装置。人们习惯上将太阳热水系统通俗称为太阳热水器。目前使用的太阳热水器，绝大部分采用平板集热器和真空管集热器两种结构形式。

3. 太阳灶

太阳灶是能够把太阳辐射能直接转换为热能，供人们从事炊事活动的炉灶，它对缓解我国农村生活燃料短缺的状况，具有重要意义。

目前，我国农村普遍使用的太阳灶基本可以分为热箱式太阳灶、聚光式太阳灶。由于聚光式太阳灶具有温度高、容易制作、热流量大、成本低、烹饪时间短、便于使用等特点，能满足人们丰富多样的烹饪习惯，因而得到广泛应用。

4. 阳光温室大棚

阳光温室大棚通常是指利用玻璃、透明塑料或其他透明材料作为盖板或围护结构建成的密闭建筑物。由于温室大棚是一种密闭的建筑物，由此产生“温室效应”，即将温室大棚内气温和地温温度提高，并通过对温室大棚内温度、湿度、光热、水分及气体等条件进行人工或自动调节，以满足植物或禽、畜、鱼虾等生长发育所必需的各种生态条件。阳光温室大棚已经成为现代农牧业的重要生产手段，同时也是农村能源综合利用技术中，如北方“四位一体”模式和西北“五配套”模式重要的技术组成部分。

阳光温室大棚一般在东、西、北三面堆砌具有较高热阻的墙体，上面覆盖透明塑料薄膜或平板玻璃，夜间用草帘子覆盖保温，必要时可采取辅助加热措施。在一些地区也有不少仅以塑料薄膜为覆盖材料的轻型太阳能温室，也称塑料大棚。

5.太阳能干燥

利用太阳能干燥设备对物料进行干燥，称为太阳能干燥。其特点是：能充分利用太阳辐射能，提高干燥温度，缩短干燥时间，防止干燥物品被污染，提高产品质量。对于干燥各种农副产品和一些工业产品尤为适宜。

目前，国内的太阳能干燥装置大致分为四类：温室型、集热器型、集热器温室型、聚焦型。

6.户用光伏发电

光伏发电是利用太阳电池有效地吸收太阳光辐射能，并使之转变为电能的直接发电方式，人们通常说的太阳光发电一般就是指太阳能光伏发电。

在我国户用光伏发电系统主要是解决无电地区居民照明、听广播和看电视等的用电问题。

户用光伏发电系统可选用商品化定型产品。该产品的光电池可照明 8～20 h，又可看电视，最大供电时间可达 12 h。

根据目前无电地区的经济条件和承受能力，考虑到目前太阳光伏发电系统的一次性投资相对较大，用电器的选择应在满足日常所需的情况下，尽可能地减少用电量，以便使整个系统发电和贮存电能的成本降到最低。

照明灯具应采用高效节能荧光灯，一支亮度相当于 220 V、40～60 W 白炽灯泡的高效节能荧光灯，12 V 电压时工作电流约为 0.4 A，耗电仅 4.8 W，是目前户用光伏发电系统理想的照明灯具。

四、任务巩固

调查总结你家乡常见日光温室的类型、结构、主要特征和主要用途。

任务二　掌握大气污染对农业的危害与综合防治方法

一、学习准备

(一)知识准备

1.大气污染

大气污染，通常是指由于人类活动和自然过程引起某些物质进入大气中，呈现出足够的浓度，停留了足够的时间，并因此而危害了人体的舒适、健康和福利或危害环境的现象。

造成大气污染的必要条件是，污染物在大气中要含有足够的浓度，并且停留足够的时间，超过了允许限度，使得大气质量恶化，从而危害了人体的舒适、健康和福利或危害了环境。这里所说的舒适和健康，是包括了对人体正常的生活环境和生理机能的影响，直至引起慢性病、急性病以致死亡等非常广泛的范围；而所谓的福利，则认为是指与人类协调共存的生物、自然资源、财产以及器物等。

形成大气污染的原因包括自然因素和人为因素两个方面。自然因素是指自然过程造成的大气污染，包括火山活动、森林火灾、地震、土壤岩石风蚀、海啸、雷电、动植物尸体的腐烂及大气圈空气的运动等产生的尘埃、硫氧化物、氮氧化物等。人为因素包括人类的生活活动和生产活动两个方面，来自人类生活、工农业生产、交通运输等活动中的废弃物、燃烧、排放等，导致一些非自然大气组分的有害物质如粉尘、碳氧化物、硫氧化物、氮氧化物等进入大气，在大气中积累后超过自然大气中该组分的含量而形成污染。通常说的大气污染主要是指人类活动造成的，与人类活动相比较，自然因素引起的大气污染是暂时性的。因为自然环境具有一定的自净化能力，能够通过自身的物理、化学和生物机能，如扩散、稀释、沉降、雨水冲洗、地面吸附、植物吸收等作用，经过一段时间后会自动消除大气污染，以恢复、维持生态系统的平衡。因此，人类活动，尤其是生产活动是大气污染的主要原因，是防治大气污染的主要对象。

2. 大气污染对植物的影响

植物容易受大气污染的危害，第一，是因为它们有庞大的叶面积与空气接触并进行活跃的气体交换。第二，植物不像高等动物那样具有循环系统，可以缓冲外界的影响，为细胞提供比较稳定的内环境。第三，植物一般是固定不变的，不像动物可以避开污染。

大气污染对植物造成的危害一般分为可见危害和不可见危害两种情况，可见危害是肉眼可以明显判断的危害，植物有明显的症状表现，根据症状出现的快慢，又分急性危害、慢性危害和混合危害三种情况。

急性危害是污染物浓度高，接触时间短，1～3 d 或更短的时间，植株亦出现症状的情况，浓度往往在 mg/kg 级，一般毒性较强的气体污染物在特殊气象条件下，如湿度高，气流停滞，风向适宜，气温高时，容易很快表现症状。失绿、组织坏死是常见的症状。因此变化较快，伤害较重，往往易于发现。

慢性危害在污染物浓度较低的情况下，经长时间接触（几十天）后，植物表现生育不良，生长不够茂盛，轻度失绿，色泽较淡等，能导致一定程度减产，因此症状不明显，且发展缓慢，往往不被人们注意。

混合危害是急性、慢性症状兼而有之，常是在低浓度、长时间接触，表现慢性危害的基础上，又发生高浓度、短时间的急性危害所致。

除上述可见危害外，不可见危害亦称隐性危害或生理危害，一般在污染物浓度特别低时，从外观上用眼观察不到任何反应，但生理代谢受影响，生长发育受阻，对产量仅有轻微影响，一般常被忽视，甚至认为不存在危害。

人类的生产、生活活动以不同的形式排入大气的污染物，包括气体、液体、固体等，其中对植物产生危害的污染物主要有：二氧化硫、氟化氢、臭氧、氯气、过氧乙酰硝酸酯、乙烯、氮氧化物、氟化硅、氰化氢、硫化氢、氨气、磷化氢、三氯化磷、甲胺、甲醇、苯、酚、粉尘等。

各种大气污染物对植物的毒性不一样，按毒性强弱分为 3 级：

A 级，毒性最强。例如，氟化氢、氯气、乙烯、过氧乙酰硝酸酯等，这些气体在大气中含有较低的浓度就对植物产生危害。

B 级，毒性中等。有二氧化硫、硫酸烟雾、氮氧化物、硝酸烟雾等，这些污染物对植物的毒性为中等。

C 级，毒性属于较弱。有甲醛、一氧化碳、氨气等，它们可在较高的浓度下对作物产生危害。

以上各种情况是指某污染物在大气中的浓度达到对作物产生危害，产生“烟斑”，表现症状，从而使作物受伤害而减产。另外，污染物浓度虽未达到使作物产生危害，表现症状，但浓度已达到使作物内部产生生理、生化方面的反应，从而使作物生长减慢，产量降低等，这种情况也不容忽视。最为普遍的是大气中污染物浓度较低，但污染物易在作物体内积累，使农产品品质下降，通过食物链而危害到人体。

3.主要大气污染物对作物的危害症状

(1)二氧化硫。二氧化硫是对农业危害最广泛的空气污染物。二氧化硫对植物的伤害症状主要表现在植物叶片上叶脉之间的伤斑，伤斑由漂白引起失绿，逐渐呈棕色坏死。伤斑的形状为不规则的点状、块状、线状，坏死区和健康组织之间的界限比较分明。

麦类作物受二氧化硫危害叶部症状：首先是叶片变淡绿或灰绿色，萎蔫，有白色点状斑，严重时叶尖卷曲，麦粒变小。麦芒易受害，常作为警报材料，在其他部位未受害时，麦芒首先失绿干枯。

蔬菜受二氧化硫危害的症状主要发生在叶片上，其他器官很少发生，叶片受害后呈现的颜色，因蔬菜种类而异：叶片上出现白斑或黄白斑的有萝卜、白菜、菠菜、番茄、葱、辣椒和黄瓜；出现褐斑的有茄子、胡萝卜、马铃薯、南瓜和甘薯；出现黑斑的有蚕豆。

果树受二氧化硫危害时，叶片多呈白色或褐色。梨树先是叶尖、叶缘或叶脉间褪绿，渐变成褐色，几天后出现黑褐色斑点。葡萄在叶片的中央出现赤褐色斑点。桃树则在叶脉间褪成灰白色或黄白色，并落叶。柑橘在叶脉间的中央出现黄褐色斑点，同时叶片皱褶。

不同的植物在同样环境条件下对二氧化硫的敏感程度不一样，如紫花苜蓿、芝麻、棉花、小麦等对二氧化硫敏感；花生、黄瓜、茄子等对二氧化硫抗性中等；玉米、小麦、马铃薯等对二氧化硫抗性强；可以利用这种特性来为农业生产服务。如在二氧化硫浓度较高的区域种植抗性强的作物。作物不同生育阶段护抗性也不一样，例如，谷类作物抽穗开花期，以果实为产品的植物开花期都易受二氧化硫危害。

(2)氟化物。大气中的氟污染主要为氟化氢(HF)。它的排放量比二氧化硫小，影响范围也小些，一般只在污染源周围地区，但它对植物的毒害很强，比二氧化硫还要大10～100倍。氟化氢危害植物的症状与二氧化硫不同：伤斑首先在嫩叶、幼芽上发生；叶上伤斑的部位主要是叶的尖端和边缘，而不是在叶脉间；伤斑由油渍状发展至黄白色，进而呈褐色斑块，在被害组织与正常组织交界处，呈现稍浓的褐色或近红色条带，有的植物表现大量落叶。

植物对氟化物有很强的吸收能力，污染区植物叶片含氟量明显高，通过食物对动物和人体产生危害。例如，牧草含氟量高，牲畜食后在体内积累，牲畜引起氟骨病，关节肿大，甚至死亡，这种现象在我国大气氟化物污染较重的牧区经常发生，对畜牧业影响较大。

(3)氯气。氯气危害植物叶片引起的伤害症状与二氧化硫危害症状比较相似，受害伤斑主要分布于叶脉之间，成不规则点状或块状，其特点是：受害组织与正常组织之间没有严格的界限，同一叶片上常常分布着不同程度的受害伤斑或失绿黄化，有时呈现一片模糊，这是与二氧化硫危害的主要区别。

叶龄不同，对氯气敏感程度不一样，与二氧化硫类似，刚成熟已充分展开的叶片最易受害，老叶次之，未充分展开的叶片不易受害。因此，当发生急性伤害后，枝条顶端的幼叶仍能继续生长，这与氟化物危害情况不同，氟化物危害往往能使枝条顶端未充分展开的幼叶严重伤害，而使顶端生长点不能继续生长。

氯气对植物的毒性比二氧化硫大3～5倍，不同植物敏感性不一样。敏感植物有：白菜、菠菜、韭菜、番茄、冬瓜、大麦等。抗性中等的植物有：甘薯、水稻、棉花、西瓜、茄子等。抗性较强的有：红豆、刺槐、臭椿、无花果等。

(4)乙烯。乙烯对人体影响较小，但对植物影响十分大。乙烯是植物的内源激素之一，植物本身能产生微量乙烯，控制、调节生长发育过程。当大气中乙烯较多时，就会干扰植物的正常发育，引起许多植物生长异常，落花落果，造成损失。

乙烯危害植物的症状较为特殊，主要表现在上偏生长(偏上反应)、器官脱落、抑制生长发育、繁殖器官异常、促进叶片和果实失绿变黄等方面。偏上反应是上下两面的生长速度发生改变，叶柄的上面生长比下面快，结果使叶片下垂。一般是幼嫩叶易发生偏上反应，老叶反应不敏感。引起偏上反应的浓度，在植物种间和品种间有很大差异，一般为0.05～1.0 mg/kg。

器官脱落是乙烯危害的常见症状之一，叶片、花蕊、花、果实均能发生脱落。乙烯对棉花、芝麻、番茄、茄子、尖辣椒、四季海棠、美人蕉、凤仙花常造成很大影响。芝麻对乙烯很敏感，接触乙烯引起花柄脱落，脱落结束后，上部又恢复正常，开花结实，所以，可以芝麻茎秆上结果的情况，大体推测受乙烯污染的时期及浓度范围。油菜也有类似现象。乙烯还能使一些植物的繁殖器官发生异常反应，最早观察到的反应，是1 mg/kg乙烯使香石竹花朵关闭，中国石竹、紫花苜蓿和夹竹桃都观察到这种“闭花”反应。另外，早菊花朵畸形、花瓣参差不齐；豌豆的花蕊发生脱水凋萎；棉花萼片出现张开现象；西瓜、桃子产生畸形果和开裂果等现象也都是乙烯引起的。

乙烯还能促进植物叶片和果实失绿变黄。乙烯对果实的催熟着色作用最早在柠檬上发现，对番茄、香蕉、苹果、菠萝、柿子等很多果实均有这种作用。

(5)氧化烟雾。氧化烟雾成分复杂，主要成分是臭氧、过氧乙酰硝酸酯、氮氧化物等，其中臭氧占90%以上。

①臭氧：臭氧是氧化烟雾的主体，对植物有很强的毒性，对农业危害很大。特别是工业发达的国家，是危害农业最严重的大气污染物。随着工业及交通业的发展，我国大气环境中臭氧浓度也在加重。

植物受臭氧危害的症状首先发生在老叶上，幼嫩叶片不易发生危害。叶片黄化，褪色变白。植株生长受阻，芽的形成和开花均受抑制。还能抑制植物生长和引起器官脱落。

②过氧乙酰硝酸酯：过氧乙酰硝酸酯对植物的毒性很强，在比臭氧浓度低10倍时就能对植物产生伤害。在危害作物时，初期叶片背面呈银灰色或青铜色，严重时变成褐色，且叶正面也表现症状。受害症状多发生在幼叶上，很少在成叶上出现。幼叶受害，生长受阻，形成小形叶或畸形叶。

③氮氧化物：氮氧化物主要是二氧化氮、一氧化氮和硝酸雾，而以二氧化氮为主，主要来源是汽车排气。二氧化氮危害植物的症状，与二氧化硫、臭氧相似，在叶脉间、叶缘出现不规则水渍状伤害，逐渐坏死，变成白色、黄色或褐色斑点。二氧化氮毒性弱，一般无急性危害。环境条件影响较大，在阴天、弱光下不易受害。

(6)固体颗粒物。烟尘是大气中粉尘的主要成分,以煤作燃料的地方均产生烟尘,冶炼厂、焦化厂、钢铁厂若未治理,排放大量粉尘于大气中。对农作物危害常在大城市及工业区周围发生。烟尘中颗粒较大的在污染源周围降落,在各种作物的嫩叶、新梢、果实等幼嫩组织上形成污斑。果实受害后硬化,果皮粗糙,质量降低;在成熟期间受害则易于腐烂。叶片上的降尘能影响光合作用和呼吸作用,引起退绿、黄化,甚至死亡。

金属飘尘是粉尘粒径小于10 μm的颗粒,其中相当大一部分极其微小,甚至比细菌(0.8 μm)还小,人们的肉眼是看不见的。飘尘能长时间飘浮在空气里。金属飘尘对农作物和农田土壤的污染,主要是下降到地面的部分危害性大。随着工业的发展,排入空气的金属逐渐增加,如铅、铬、镉、镍、锰、砷、汞等以飘尘形式污染空气。它们的毒性很大,对人类健康的危害,已超过农药和二氧化硫。土壤含镉太高,就会使农作物受害,土壤含镉达4~5 mg/kg时,大豆、菠菜产量会下降25%。吃了这种豆、菜,人畜体内会加大镉的积累量,影响人畜健康。

(7)复合污染。大气污染的环境实际上存在着多种污染物,对植物的危害实际是多种污染物共同作用的结果。例如,在工业区周围常被二氧化硫污染,由于汽车排气,又掺杂了氧化烟雾的污染;排放氟化氢的企业,往往有大量二氧化硫排出,同一工厂排出的废气中,也往往含有二种以上的大气污染物。由二种或多种污染物造成的危害称为复合污染,复合污染是经常发生的。二氧化硫和氟化物或过氧乙酰硝酸酯混合,对作物的危害与各自单独存在时的危害相同,称为相加作用;二氧化硫与甲醛相混对植物毒性为相乘作用,即两者混合后,毒性比两者单独存在时大大提高;氯化氢气体与氨作用发生中和反应,两者混合对植物的毒性降低。在植物的症状表现上,复合污染导致更为复杂的表现。

(二)资料准备

1.图书馆或资料室

利用图书馆或资料室的书籍或报刊,查找有关我国大气污染对农业危害及综合防治等信息资料。

2.电脑、网络、新媒体

利用电脑上网或利用手机上Wifi等,查找有大气污染、污染物、大气污染防治等信息资料。

3.教师准备的资料单

关于我国大气污染对农业危害及综合防治的相关文章。

二、任务设计与实施

【任务设计】

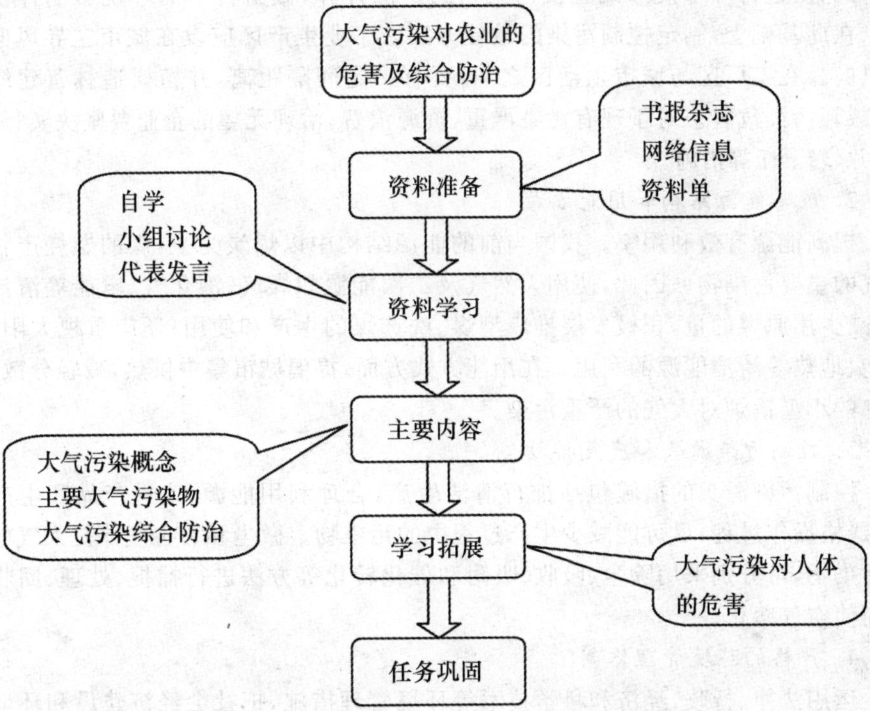

【任务实施】

(一)问题导入

大气污染对农业生产会造成严重的危害,治理大气污染迫在眉睫。

(二)分析大气污染产生的危害,提出大气污染防治措施

受大气污染的危害,在高浓度污染物影响下,使植物叶子表面产生伤斑,或者直接使叶片枯萎脱落。如果人体摄入二氧化硫的量多,会很容易被湿润的黏膜表面吸收,生成亚硫酸、硫酸,对眼睛和呼吸道黏膜造成强烈的刺激,大量吸入,就会引起肺水肿、喉水肿、声带痉挛而导致窒息。

大气污染的综合防治,要从区域环境的整体出发,充分考虑该地区的环境特征,对所有能够影响大气质量的各项因素做全面、系统的分析,充分利用环境的自净能力,综合运用各种防治大气污染的技术措施,以清除或减轻大气污染的目的。

具体措施：

1.全面规划，合理布局或调整工业结构

在兴建大型工矿企业、工业区时，首先要对拟建工程的自然环境和社会环境做综合调查，进行环境模拟试验及污染物的扩散计算，做出科学的环境影响评价报告。在此基础上，制定控制污染的最佳方案。工业生产区应设在城市主导风向的下风向。在工厂区与城市生活区之间，要有一定间隔距离，并植树造林营建绿化带，减轻污染危害。对于现有污染严重，资源浪费，治理无望的企业要坚决实行关、停、并、转、迁等措施。

2. 改善能源结构和用能方式

提高能源有效利用率。我国当前的能源结构中以煤炭为主，煤的燃烧产物是大气的主要污染物。因此，使用天然气及二次能源如煤气、液化气、电能等清洁燃料；减少用原煤的量，积极发展推广型煤、洗选煤的生产和使用；还应重视太阳能、风能、地热等清洁能源的利用。在用能方式方面，提倡城市集中供热，减轻分散、低效率的小型锅炉对大气的严重污染。

3. 控制污染源头和废气排放

控制污染源头的措施包括推行清洁生产，合理利用能源，改进产品和生产工艺，严格操作过程，尽可能减少生产过程中的污染物。微尘和有害气体是大气的主要污染物，可分别采用除尘、吸收、吸附和催化转化等方法进行捕捉、处理、回收利用而使空气净化。

4. 严格的环境管理体制

运用法律、行政、经济和科学技术等环境管理措施，把社会经济建设和环境保护结合起来，使环境污染得到有效控制。

5.植树造林，绿化环境

绿化造林是大气污染防治的一种经济有效的措施。植物可以阻挡风沙、滞尘、降低地面扬尘；可以吸收和过滤有害气体，降低污染；还可改善城市的生态环境，美化城市环境。

(三)任务实施与组织

(1)安排学生课前预习大气污染、大气污染物、大气污染对农业危害、大气污染综合防治等有关内容，在教师的指导下，通过多种信息渠道查询资料。

(2)每人在汇总查找的相关资料的基础上，分析近几年来当地大气污染的典型案例，搞清楚你所在地区大气污染的主要污染物有哪些？这些污染物来自哪里？对动植物的危害有哪些？最终以调查研究报告形式分析其发生的背景、原因，调查其带来的危害，提出对未来的警示建议。

(3)小组讨论,通过头脑风暴法扩大学习成果,并集中集体智慧完成一份较好的综合性的“×××地区大气污染的现状与对策调研报告”。

(4)每组选一个代表,在全班讲解小组综合性的“×××地区大气污染的现状与对策调研报告”的形成、基本思路,组员补充调查研究收获的内容。

(5)教师组织发动全班同学讨论、评价各小组的学习情况,达到全班同学共享学习资源和收获体会,巩固所学的知识内容。

三、学习拓展

大气污染对人类的危害

大气污染不仅对农业生产带来危害,而且对人类的危害也日趋严重。从近些年媒体发布的信息足可说明大气污染受人们关注的程度。一旦受污染的大气进入人体,便可导致呼吸、心血管、神经等系统疾病或其他疾病。在不利于污染物扩散的气象条件下,大气污染物短时间内可在大气中积累到很高浓度,许多人尤其是老弱病残者和儿童,因而患病甚至死亡。更多的情况则是人群长期受低浓度污染物侵袭,体质下降或导致某些慢性疾病。

一般情况下,直接刺激呼吸道的有害化学物质如二氧化硫、硫酸雾、氯气、臭氧和烟尘等被人体吸收后,首先引起支气管反射性收缩和痉挛、咳嗽、喷嚏和气道阻力增加。在毒物慢性作用下,呼吸道的抵抗力会逐渐减弱,诱发慢性呼吸道疾病,严重的还可引起肺水肿和肺心性疾病。

大气中的无刺激性有害气体,由于不能为人体感官所感觉,危害比刺激性气体还要大。如一氧化碳,进入血液中可形成碳氧血红蛋白,造成低血氧,从而使组织缺氧,出现头晕、头痛、恶心、乏力,严重时会致昏迷。在城市特别是某些工厂附近的大气中,还含有潜在危害的化学物质,如铅、铬、镉、砷、汞、石棉及有机氯杀虫剂等。它们虽然浓度很低,但可在体内逐渐蓄积造成慢性中毒,长期累积就会影响神经系统、内脏功能、生殖和遗传等。

四、任务巩固

1. 大气污染的主要污染物有哪些?对动植物的危害有哪些?
2. 形成大气污染的人为因素是什么?

任务三　熟知气象灾害与减灾措施

一、学习准备

(一)知识准备

1.气象灾害

我国海陆兼备,大部分地区受季风控制,气候极不稳定,决定了我国季节降水和年际降水的时空分布不均衡,导致我国气象灾害种类多。农业气象灾害是指在农业生产过程中导致农业生物显著减产或设施严重损坏的各种不利天气过程和天气现象的总称。农业气象灾害是不利气象条件给农业造成的灾害。由温度因子引起的有热害、冻害、霜冻、热带作物寒害和低温冷害等;由水分因子引起的有旱灾、洪涝灾害、雪害和雹害;由风引起的有风害;由气象因子综合作用引起的有干热风、冷雨和冻涝害等。其中干旱、台风、寒潮对我国农业的危害影响范围最广,灾情最重。

(1)干旱。干旱是我国和世界农业生产最严重的灾害。即因长时期降水偏少,空气干燥,土壤缺水,水源枯竭,影响农作物或牲畜正常生长发育而减产的现象。旱灾在全国各地都有发生,但分布不均匀。其中旱灾严重的地区主要有:华北地区、黄淮地区、华南地区和西南地区。西北地区降雨稀少,但主要是绿洲灌溉农业,干旱次数和面积反而较小。

不同区域有不同的旱灾类型和灾情特点,华北地区,全国旱灾最频繁,影响最严重的地区,特别是春旱,是正值冬小麦生长发育最关键时期,故有“春雨贵如油”之说;长江区,旱灾多发生在7～8月,故称“伏旱”,有农谚“春旱不算旱,夏旱减一半之说”;华南区,以夏秋旱为主,春旱次之;西南区,一年四季都可能发生旱灾,云南和川西山地多春旱,伏旱发生在7～8月,以东部更为严重,四川盆地西部和北部是夏旱5～6月出现的高频区。

(2)洪涝灾害。洪涝灾害一般由长时间降水过多或区域性暴雨及局地性短时间降水引起,可分为洪水、涝害、湿害。洪水是指大雨、暴雨引起水道急流、山洪暴发、河水泛滥、淹没农田、毁坏环境与各种设施等。涝害是指雨水过多或过于集中或返浆水过多造成农田积水成灾。湿害是指洪水、涝害过后排水不良,或长时期的阴雨使土壤水分长期处于饱和状态,作物根系缺氧而成灾。

我国大部分地区年际降水量集中在夏季，年际变化十分明显，洪涝灾害较为频繁，是影响作物产量的又一重要气象灾害。我国的洪涝灾害主要集中在七大流域：珠江流域、海河流域、江淮流域、松花江流域、黄河流域、长江流域、辽河流域。洪涝灾害的分布特点是：东部多，西部少；沿海多，内陆少；平原湖区多，高原山地少；山脉东、南坡多，西北坡少。

严重的洪涝灾害常常造成大面积农田被淹、作物被毁，使作物减产甚至绝收。土壤长期水分饱和，引起湿害，根系缺氧可导致多种病害；空气湿度加大，持续阴湿天气作物水分蒸腾受抑制，可诱发多种病害。

(3)冷害。农业生物在0℃以上的相对低温下受到的伤害称为冷害，根据低温对作物危害的特点及作物受害的症状，可将冷害分为障碍型冷害、延迟型冷害和混合型冷害。障碍型冷害是指作物生殖生长期间遇低温使生理过程发生障碍造成不育而减产。延迟型冷害是指因持续低温使作物发育延迟，不能在霜前正常成熟而减产或品质降低的一种冷害。混合型冷害：障碍型冷害和延迟型冷害同时发生的冷害。

长江中下游3月下旬到4月上旬早稻育秧期遇强冷空气活动持续低温阴雨可造成烂秧，发生春季冷害。夏季低温冷害主要发生在北方，尤其是东北地区6～8月出现低温危害。秋季低温冷害是南方晚稻生产主要灾害之一，又称寒露风，长江流域及其华南地区双季晚稻抽穗扬花期遇到的低温冷害。华南热带作物遇10℃以下、0℃以上的低温可使植株枯萎、腐烂或感病，直至死亡，当地被称为寒害，实际上是冷害的一种。春末夏初牧区常出现突然降临的冷雨，可造成牲畜发病甚至死亡，是牧区常见的灾害。

(4)冻害。指越冬作物、经济林果木以及人畜在越冬期间遇到较长时间的低于0℃的低温或剧烈降温(最低气温在0℃以下，有时可达－20℃以下)引起体内结冰或躯干冻伤，丧失生理活力，继而造成整体死亡或部分伤亡的现象。

根据冻害发生的时间我们可以将其分为初冬冻害、严冬冻害和早春冻害三类。初冬冻害特点是初冬剧烈降温提前入冬，作物缺乏抗寒锻炼养分积累不足，经受不住严冬的持续低温。严冬冻害与严寒持续时间及寒冷程度相关。早春冻害常在天气回暖，作物已部分丧失抗寒性之后发生。通常以50％植株死亡的临界致死温度作为冻害指标，主要由遗传特性决定，但也与抗寒锻炼程度、苗情壮弱、养分状况等有关。

中国发生冻害最多的是北方及长江中下游地区，个别年份华南地区也有出现。冬小麦冻害以华北、黄土高原和新疆北部最严重；大白菜砍菜期冻害东北华北都较重；油菜冻害以华北南部和黄淮平原为严重；蔬菜越冬冻害以长江流域最严重；柑橘冻害以江南丘陵最为严重；苹果等北方果树冻害以长城沿线较重。

(5)霜冻。植物在零度或接近零度的零下低温时体内冻结而产生的的伤害为霜冻，主要发生在作物活跃生长期间。秋季初次霜冻和春季末次霜冻分别称为初霜冻和终霜冻，危害最大。

根据霜冻发生的时期，可分为早霜冻和晚霜冻两种。早霜冻（秋霜冻、初冬霜冻、初霜冻）是由温暖季节向寒冷季节过渡时期发生的霜冻。晚霜冻（春霜冻、晚冬霜冻、终霜冻）是由寒冷季节向温暖季节过渡时发生的霜冻。

根据霜冻发生的天气条件，可分为平流型霜冻、辐射型霜冻和平流辐射型霜冻三种。

平流型霜冻（风霜）：指由于出现强冷平流天气引起剧烈降温而发生的霜冻。因为发生时伴随强风，所以又称为“风霜”。

辐射型霜冻（静霜）：在晴夜无风的夜间，地面和作物表面强烈辐射降温而发生的霜冻。通常无风或风力微弱，所以又称为“静霜”。

平流辐射型霜冻：指冷平流和辐射冷却共同作用下发生的霜冻。

白霜：空气湿润情况下发生霜冻时常可在地面物体上看到白色冰晶，称为“白霜”。

黑霜：北方春秋季空气干燥，发生霜冻时往往水汽不足，没有出现白霜，但地面或作物表面温度同样降到零度以下，仍然可对植物形成伤害，农民称之为“黑霜”。

霜冻总的趋势是北方重于南方，山区重于平原，内陆重于沿海。纬度和海拔越高春霜冻结结束越迟，秋霜冻开始越早，无霜期越短。

霜冻对植物危害的实质是组织的水溶液结冰。胞间冰晶也可造成机械损伤或原生质浓度过大使细胞中毒。霜冻后如急剧升温可导致植株失水萎蔫。小麦、玉米、谷子、高粱、马铃薯、油菜、芝麻、烤烟、棉花、蚕豆、果树、蔬菜等数十种农业植物容易受害。

(6)冰雹。冰雹是降落到地面的冰球或冰块。通常情况下，降雹的范围比较小一般宽度为几米到几千米，长度为 20～30 km，所以民间有“雹打一条线”的说法。冰雹虽然持续时间不长，一般为数分钟，可是来势猛，强度大，还常常伴随着狂风暴雨，所以往往给局部地区农业造成严重损伤，甚至颗粒无收。降雹具有明显的季节变化，4～9 月为降雹主要时段，5～6 月为高峰。多雹区主要在高原和大山脉，成带状分布，东部平原年雹日数一般在半天以下，荒漠地区更少。

(7)热害（干热风）。干热风是一种高温、低湿并伴有一定风力的灾害天气现象。中国大范围的干热风主要出现在秦岭、淮河以北，以华北、西北最多见，它的出现使作物枯萎、枯死，给农、林业造成严重危害。干热风亦称“干旱风”习称“火南风”或“火风”。一般分为高温低湿和雨后热枯两种类型，均以高温危害为主。

干热风是以高温为主，包括低湿和风害的复合灾害。北方小麦的干热风大多发生在5～7月，轻者灌浆缓慢粒重降低，重者提前枯死严重减产。我国小麦干热风危害最严重的地区西北靠近沙漠而海拔又不高的垦区，其次是黄淮平原，特别是太行山东侧。

雨后枯熟各地都有发生，对小麦灌浆的危害往往要比干热风更严重。雨前温度偏低光照不足，一场小到中雨之后二三天气温猛升到30℃以上，处于灌浆后期的小麦往往提前枯死。单纯的高温可使生育期缩短，穗形或果实变小，产量下降，北方小麦和南方早稻都很常见。还常造成呼吸强烈养分消耗过多易早衰感病，北方初夏高温常造成番茄早衰。

(8)日烧病。日烧病又名日灼病，是在高温干旱和日照强烈时引起的一种生理病害。由于日照强烈、温度高，水分供应不足，蒸腾作用减弱，使树体温度难以调节，部分枝条的皮层和果实表面因局部温度过高而遭到灼伤。病树或树体较弱的树受害最为严重，最主要病症是使树干或枝条横裂，表皮破裂，枝条负重过度，易发生断枝，有的枝条表皮变褐脱落，甚至发黑如烧焦状，果实首先出现烫状斑块，然后变黑扩大，甚至裂果烂果。

(9)阴害。持续阴天光照不足可导致光合作用下降，养分积累不足，茎秆细弱易倒折，授粉不良，病害蔓延等。种植密度过大或间套作的两茬作物之间调节不当，都可以人为造成群体内光照不足而产生阴害。

(10)台风。是发生在热带或亚热带海洋上的气旋涡，中心附近最大风速8级以上称为台风。死亡人数和经济损失均居全球主要自然灾害之首。台风包括风害、洪涝、海浪和风暴潮，台风经过时常伴随着大风和暴雨天气，对农作物、农舍和农业设施摧残极重；巨浪对海上船只、设备、养殖场和渔民生命的威胁极大；暴雨可造成严重洪涝；沿海还可形成风暴潮，登陆并深入我国内陆的台风往往带来特大暴雨造成局地洪涝和重大伤亡及财产损失。

(11)暴风雪。暴风雪在牧区俗称白毛风，是大量雪被强风卷起并随风运行，并且不能判定当时是否有降雪，水平能见度小于1 km的天气现象。

暴风雪天气的主要特点是雪大、风猛、降温强。暴风雪发生时，狂风裹挟着暴雪，呼呼作响，能见度极差，同时气温陡降。牧人和家畜在草原上遇到这种天气，睁不开眼，辨不清方向，举步艰难。牲畜常因受惊吓收拢不住，顺风狂奔，发生摔伤、冻伤、冻死等事故。由于冰雪封住牧草，畜群在饥饿与寒冷的双重压力下死亡率增升，尤其幼畜的存活率更低。暴风雪经常给我国北方高寒地区人民的畜牧业生产造成严重的损害。

2.减灾措施

农业生产活动中各种气象灾害的发生是不以人的意志为转移的，具有不可避免性。但是,通过对灾害的监测、预报和防治,人类能够削弱灾害的破坏力,保护受灾体不受到大的损伤,还可切断灾害的成链过程,消除灾害的影响。通常所说的减灾活动,包括灾害的监测、预警、防治、抗御、救助和灾后救援 6 个环节,是一项复杂的系统工程。

(1)综合治理,改善农业生态环境。

①深耕改土。通过平整土地、深耕深翻、增施有机肥,尽量使田地平整、土层深厚、土壤肥沃,这样可以更好地防御干旱。改良土壤还有防御冷害的作用,通过掺沙等改土措施,使春季土温升高加快,促进出苗、生长与发育,提高抗性,减轻冷害。通过改良土壤,提高土壤蓄水保墒能力,保证春季适时播种、正常生长发育,在秋霜来临之前能正常成熟,减轻冷害对产量的不利影响。通过平整土地,增施有机肥,不但使作物生长健壮,提高抗寒能力,而且能改良土壤的理化性质,提高保水、保热能力,减轻冻害。另外,深耕改土能提高土壤的渗透能力,所以有减轻涝害和湿害的作用。深厚、疏松的土壤,可以使植物的根系能够深扎,根系发达,从而增强抗大风和干热风的能力。

②水利工程措施。抗旱防洪和保持水土都需要必要的农业工程措施,包括修建水库,治理江河,兴修排灌渠系,农田基本建设等。发展水利的目的就是更好地调节水资源的时空分布,更好地、可持续地为农业生产和人类的生活提供基本的物质保障。发展水利,充分利用水资源,是克服和抵御多种农业气象灾害的重要途径。水利的最大作用就是防御干旱和洪涝灾害。发展农田水利还可以防御干热风的危害,特别是在北方麦区,小麦灌浆成熟阶段出现干热风对产量有较大影响,通过浇灌麦黄水可有效降低环境温度、提高空气湿度和土壤水分含量,改善小气候,利于小麦灌浆成熟,促进稳产高产。水利灌溉还有抵御低温冷害、冻害的作用。水稻遇到寒露风时日排夜灌可防御冷害,灌水和喷水都是防御霜冻的有效措施。小麦等越冬作物灌冬水能调节地温、保墒、防治干旱,从而减轻越冬冻害。

③生物工程措施。种树种草是防御农业气象灾害的战略措施,可以调节气候,涵养水源,保持水土,减少山洪,保护农田。农田防护林具有防风、调节农田温度、湿度和防御干热风的效应,防风固沙林还可减轻风沙危害和减轻土壤的风蚀沙化。根据当地的主要灾害,选择适当的抗逆作物和品种,可以有效减轻灾害损失。

(2)通过各种途径提高作物抗灾能力。

①科学栽培管理,增强抗逆性。适时播种是提高作物抗逆性的重要举措。例如,冬小麦播种过早,冬前徒长并发生穗分化,抗寒性降低,易受冻害;春季返青后地上部生长过旺,根系不发达,会降低抗旱、抗干热风能力。而适时播种可以提高抗冻抗低温能力,更有效利用春季返浆水,促进生长,增强抗逆性,减少损失。科学灌溉也

是提高作物抗性,提高水分利用率的重要措施。秸秆或地膜覆被可减少水分蒸发和地表径流,保墒抗旱,抑制杂草,地膜还可提高地温,兼具抗寒效果,南方蔬菜在夏季使用遮阳覆被可减轻热害。合理施用有机肥和化肥,可提高植株的抗逆能力。

②用物理方法或化学制剂增强抗逆性。物理方法如用雪水、脱氧水浸种,种子发芽快,幼苗生长健壮,根系发达,抗旱和抗低温的能力都增强。用高频、磁化水处理过的种子,出苗早、苗齐、苗状,并能提早成熟,有防御冷害的作用。对小麦镇压以及对玉米、棉花、烟草、大麦等进行"蹲苗"等措施,人为地用适度的土壤干旱和减少水分供应的办法,短时间内抑制其生长,使根系发达,叶绿素含量提高,植株生长健壮,茎秆粗短,增强抗旱、抗风能力,保证粮食稳产增收。化学调控的方法比如许多生长调节剂拌种或喷施,可提高植株抗旱或耐寒能力,促进根系生长和物质运输,增强光合效率,有的化学控制剂还能缩短基部节间防治倒伏。如施用矮壮素处理种子或喷洒在植株上,能抑制地上部生长,增大根冠比,因此能提高抗风能力;还可缓解核酸与蛋白质的分解,防止作物衰老,相对减少蒸腾量,有利于抗旱和抗干热风。

(3)调整农林牧业结构和种植制度。从农业生态学角度,实行"宜林则林,易牧则牧,易农则农"的原则,实现大农业生产体系的协调与可持续发展。在我国北方半干旱农牧交错区,应适当退耕还草,适度发展畜牧业,改善生产方式和结构,提高抗灾能力和经济效益,同时保护好自然与农业环境生态,提高资源利用效率和单位产出。适度增加林牧业的比例,可以更好地保持水土,防风固沙,增强抵御自然灾害和农业气象灾害的能力。

种植制度在农业生产中起着举足轻重的作用,是指一个地区或生产单位的作物组成、配置、熟制与种植方式的总称。包括作物的布局;作物的复种或休闲;作物的种植方式,即单作、间作、混作或套作、轮作或连作等。合理的种植制度表现为作物群体的高产、高效。种植制度不合理,会增加农业气象灾害的发生频率和灾损程度。调整种植制度主要通过调整各种作物的种植比例以及复种指数来实现,以达到光、热、水、气等资源的综合利用。

(4)加强气象灾害的监测和预报。灾害监测是人们在灾害孕育、发生、发展、衰减直至灾后对灾害的征兆、灾害现象及灾害后效进行的观察。通过对灾害现象及相关因素的观察,可获得大量的灾情信息,这是用以研究灾害规律、开展灾害预测和进行减灾措施的重要依据。对农业气象灾害进行监测,可以更清晰地了解灾害的发生规律、类型、时间及危害程度等,同时也为指导当地抗灾避险提供科学依据和建议。农业气象灾害由于种类多,分布地域广,成灾原因复杂,为了更全面地监测灾害的发生,需建立统一而全面的网络,并不断提高监测质量、监测技术水平等。

准确的天气预报,特别是灾害性天气的预报,对于指导农业生产、安排各种农事活动都有非常重要的指导作用。要加强农业气象灾害预防的科学研究，提高灾害预测预报能力。

(二)资料准备

1.图书馆或资料室

利用图书馆或资料室的书籍或报刊，查找有关我国农业气象灾害及综合防治等信息资料。

2.电脑、网络、新媒体

利用电脑上网或利用手机上 Wifi 等，查找有关干旱、洪涝、冷害、冻害、台风等信息资料。

3.教师准备的资料单

关于我国气象灾害及综合防治的相关文章。

二、任务设计与实施

【任务设计】

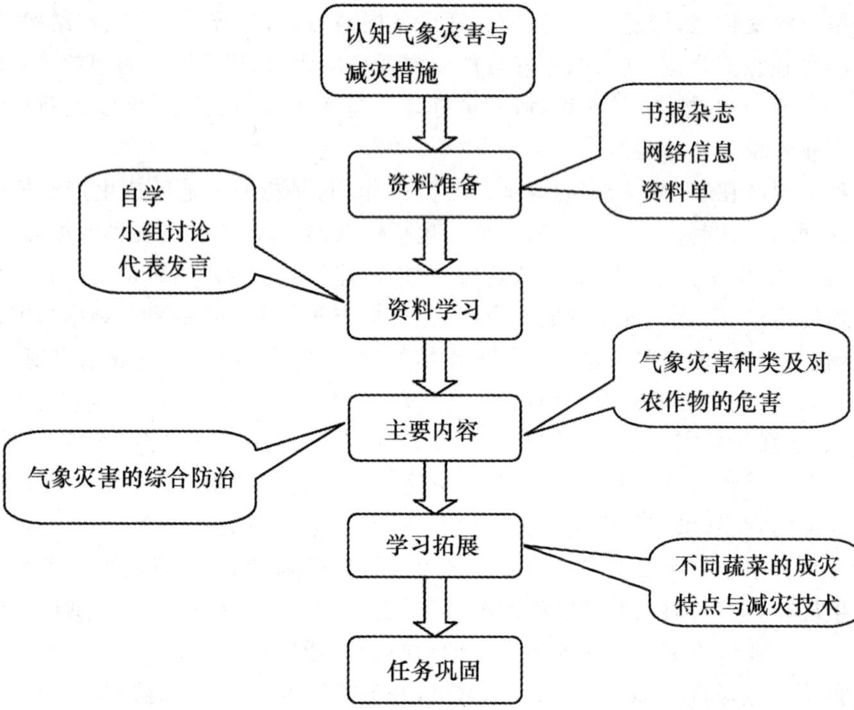

【任务实施】

(一)导入案例

【案例】

小麦冻害

小麦霜冻可分为两种,一种是春季晚霜冻使小麦返青后发生霜冻;另一种是冬霜冻在冬季温暖时期江南小麦。由于冷空气入侵而发生的霜冻。小麦幼苗受冻后叶片呈水浸状、叶面上覆有霜,日出后冰、霜融化。受霜冻害轻者尚能恢复,重则干枯发脆。如部分受害,则受害部分呈黄色。茎部受害呈水浸状、软化、穗部受冻后,受害部分干枯或灰白色。小麦受冻一般在叶子最稠密的部位;上部节间易受冻。

(二)分析小麦产生冻害的原因,提出减灾对策

低温引起植物细胞间隙中的水分结冰,这些冰晶又从四周的细胞中吸收水分,冰晶越结越大,使细胞遭受机械压力而损伤;在温度较低或低温持续时间长的情况下,细胞丧失水分多,原生质凝固,细胞便不能维持正常的生活以致死亡。作物受冻后,如果缓慢解冻植株受害轻;如果受冻后即受阳光照射,温度很快上升,使细胞间隙中的冰晶融化后细胞不吸收水分而恢复原来的状态,使水分很快蒸发,致使作物枯萎死亡。

相物生长发育都有 3 个温度基本点,即维持生长发育的生物学下限温度(最低温度)、最适温度和生物学上限温度(最高温度),这三者合称为三基点温度。在最适温度下,植物的生命活动最强,生长发育速度最快;在最高和最低温度下,植物停止发育,但仍能维持生命。如果温度继续升高或降低,就会对植物产生不同程度的影响。植物遇低温导致的受害或致死,称为冷害或冻害。在 0℃以上的低温危害称为冷害或寒害。在 0℃以下的危害则为冻害。植物因温度过高而造成的危害称为热害。

(三)任务实施与组织

(1)安排学生课前预习气象灾害、干旱、洪涝、冻害、气象灾害综合防治等有关内容,在教师的指导下,通过多种信息渠道查询资料。

(2)每人在汇总查找的相关资料,通过可能的渠道,调查近十年来所在地区发生农业气象灾害的情况,统计这些灾害带来的损失,以书面材料形式提出对今后指导农业生产的建设性意见。

(3)小组讨论,通过头脑风暴法扩大学习成果,并集中集体智慧完成一份较好的综合性的“×××地区农业气象灾害的现状与对策调研报告”。

(4)每组选一个代表,在全班讲解小组综合性的"×××地区农业气象灾害的现状与对策调研报告"的形成、基本思路,组员补充调查研究收获的内容。

(5)教师组织发动全班同学讨论、评价各小组的学习情况,达到全班同学共享学习资源和收获体会,巩固所学的知识内容。

三、学习拓展

不同蔬菜类型的成灾特点与减灾技术

(一)喜温蔬菜

主要包括茄果类、瓜类和大多数豆类,20～25℃下生长适宜,在30℃以下时生长受到抑制,不耐霜冻,大多耐轻度干旱但不耐重旱和湿涝,多属于短日性植物。种植面积较大的有番茄、茄子、甜椒、黄瓜、冬瓜、菜豆等。主要灾害包括春季定植前霜冻、初夏雨涝、热害、大风等。关键措施是确定合理的移栽期,应选择冷尾暖头,确保在终霜冻后进行。如突发霜冻可采取临时浇水和覆被措施。苗期力争早发苗。初夏注意及时撤膜和浇水降温。雨季前挖好排水沟。

1.番茄

对温度和水分的要求相对较低,但不耐高温,长江以南越夏困难。高寒地区以夏栽为主。主要灾害有定植期的霜冻、大风、干旱等。在华北以春种为主,还有部分秋番茄,主要的灾害有春霜冻、大风、干旱、初夏高温和病毒病、洪涝等,秋季有洪涝和结实期低温灾害。长江流域的春番茄有高温、雨涝、日灼等灾害,秋番茄有雨涝和高温危害。华南秋种番茄在苗期有台风、高温、洪涝等灾害。北方春季定植时要选择冷尾暖头天气,确保霜后出苗整齐不少苗,初夏注意及时浇水降温。南方番茄在自然状况下越夏困难,一般采取春、秋两季栽培,越夏栽培需要遮阳网等设施。番茄不耐涝,南方栽培种植需要注意排水除涝。

2.茄子

耐寒和耐旱性都不如番茄,对旱涝都很敏感。但越夏能力好于番茄。雨涝是华北地区夏播茄子不稳产的主要原因。汛期要注意及时排水降湿。高温高湿天气容易发生绵疫病,对苗期的低温较敏感,露地移栽时间晚于番茄。通风不畅容易形成僵苗,2～3叶期易发生植株猝倒病。开花和坐果时期遇低温将影响受精导致落花和落果。

(二)耐寒蔬菜

主要包括大多数叶菜、根茎菜、豌豆和蚕豆。比较适宜的生长温度在5～

15℃，大多属长日性作物，除高寒地区外一般多在春秋季和冬半年生长栽植。能耐低温，但不耐高温和过低温度。

1.大白菜

大白菜是北方地区主要的冬储蔬菜，供应期可达半年。播种应选用抗病品种，播前浇足底墒水。严格掌握适播期，避开暴雨。出苗后勤浇水，积极防治蚜虫。莲座期应尽可能天气晴朗温和，要控水促根蹲苗，防治过湿，及时防治霜霉病和黑斑病等。预报强寒潮袭击应组织紧急抢收贮存防止冻害，来不及入窖的应集中堆放并覆被草帘、棉被。

2.根茬菠菜

根茬菠菜是北方主要的越冬蔬菜，冬季休眠，早春返青生长。越冬期的冻害和早春的低温是主要灾害。为防御冻害，需注意适时播种，不宜过早或过晚。冬前应浇足冬水，越冬期可覆盖秸秆或地膜防冻。早春适时浇返青水和追肥促进生长。风障和地膜可挡风增温，有效减轻越冬冻害和早春低温危害。

四、任务巩固

1.通过相应的实例分析干旱、台风、霜冻对我国农业的危害。

2.怎样提高作物的抗灾能力？

本项目评价反馈

一、自我评价

1.为了完成气候资源与气象灾害学习任务，你都做了哪些准备？

(1)查找了哪些资料？

(2)你有哪些设想？

2.通过所学的知识，你对我国农业气候资源状况有什么了解？

3.通过所学的知识，我国的主要农业气象灾害有哪些？如何减灾？

4.通过自学、讨论和调研，你有什么收获？

二、小组评价

从学习态度、学习方法、团队合作和学习能力的提升等方面评价。

序号	评价项目	评价情况
1	与其他同学口头交流学习内容是否流畅	
2	是否尊重他人	
3	学习态度是否积极主动	
4	是否服从教师的教学安排	
5	是否能保持学习环境的干净整洁	
6	是否遵守学习场所的规章制度	
7	是否达到全勤	
8	团队学习中主动与合作的情况如何	

参与评价的同学签名________________

三、综合评价

1.教师评价

(1)对整个学习内容的小结归纳；

(2)对学习过程的总体评价。

教师签名________________

2.学生评价

(1)对教师授课效果的评价；

(2)对学习效果的评价。

学生签名________________

项目四　种质及其他农业资源

【项目目标】

完成本项目学习任务后，你应该能：

1.认知种质资源及转基因生物。

2.熟知森林资源分类、特征及存在问题。

3.认知我国草地资源概况及合理利用。

【项目任务描述】

本项目分为认知种质资源及转基因生物、熟知森林资源与认知草地资源3个任务。通过本项目各任务的操作与学习，能让学员明确种植资源是人类地球上最宝贵的财富，对种植资源认知、利用和保护具有重要意义；能熟知森林资源分类、特征及我国草地资源概况及合理利用等，增强对本项目工作任务的学习兴趣，培养查阅资料、观察分析与正确合理地利用种质资源等来指导农业生产等能胜任岗位工作的职业素质。

任务一　认知种质资源及转基因生物

一、学习准备

(一)知识准备

1.种质、种质资源与"种质库"

种质指农作物亲代传递给子代的遗传物质，种质资源又称遗传物质资源。地球上约有100万种动物、30万种植物和很多微生物，那里面蕴藏着丰富多样的种植资源，只要发掘和利用其中的一小部分，就足以为培育农畜新品种开辟广阔天地。

随着现代科学的发展，科学家已经将世界上大部分植物有用的物质收集起来，贮存在一个“仓库”中，这个仓库就称之为“种质库”。“种质库”中收藏的品种是完好的基组合——农作物种子或者组织细胞。因为农作物品种的基因组成已经查明，并已绘制成基因图贮存在电脑里，待需要应用某种特殊基因时，只要提取相应的种质材料进行遗传分离就可以了，因此“种质库”也叫“基因库”。有了这个基因库，科学家索取任何育种材料都会得心应手，可以直接应用于杂交育种工作，培育所需的有用的新品种或新物种。

全世界已建成各类种质库500多座，收藏种质资源180多万份。其中，禾谷类120万份，豆类35万份，根茎类8万份，饲料类20万份。美国20世纪80年代建于科罗拉多州科林斯堡种质库是世界上最大的种质库，收藏种质20多万份。我国作物种质资源保存与研究中心于1986年10月在中国农业科学院落成，收藏种质33万多份。种质库为研究农作物的起源和进化、培育农作物新品种奠定了丰富的物质基础。

2.种质资源保护

农业部1997年3月28日发布了《进出口农作物种子〔苗）管理暂行办法》，以下简称《种子法》。对加强种质资源管理，促进农作物种子（苗）的对外贸易与合作交流作了具体规定。根据该规定农作物种质资源分为三类：一类是具有重大科研和经济价值，受国家重点保护的资源，不得向国外提供；二类是较有价值的资源，有条件对外交流；三类是一般资源，可以对外交流。

《种子法》明确以立法的形式规定国家扶持种质资源的保护工作，奖励在种质资源保护工作中成绩显著的单位和个人。国家在扶持方面主要采取的有重点科研课题经费资助，建立国家作物种质资源重点开放实验室，组织种质资源考察，投资建立种质资源库，设立自然保护区等。同时，国家以自然科学奖等多种形式奖励在种质资源保护中具有重要贡献的单位和个人。

根据《种子法》第九条规定，国家有计划地收集、整理、鉴定、登记、保存、交流和利用种质资源，定期公布可供利用的种质资源目录。

根据《种子法》第八条第二款规定，国家禁止采集或者采伐国家重点保护的天然种质资源。因科研等特殊情况需要采集或者采伐的，应当经国务院或者省、自治区、直辖市人民政府的农业、林业行政主管部门批准。未经批准私自采伐国家重点保护的天然种质资源的，由县级以上人民政府农业林业行政主管部门责令改正，没收种子和违法所得，并处以违法所得1倍以上3倍以下罚款；没有违法所得的，处以1 000元以上2 000元以下罚款。构成犯罪的，依法追究刑事责任。

3.转基因生物

所谓转基因生物就是指为了达到特定的目的而将DNA进行人为改造的生物。随着转基因技术的问世，1993年，世界上第一种转基因食品——转基因晚熟番茄正式投放美国市场。这种番茄耐存储的特性使其货架寿命大大延长。此后，抗虫棉花和玉米、抗除草剂大豆和油菜等10余种转基因植物获准商品化生产并上市销售。

因转基因作物的诸多优越性使得其植面积迅速扩大，种类急剧增加。从1996年以来，转基因作物面积一直以两位数以上的速度增长。迄今，全世界已有近50个国家和地区开展转基因作物种植实验，有16个国家的近600万农民以种植转基因作物为主。全球最主要的转基因产品生产国包括美国（转基因作物种植面积最大，约占全球转基因作物种植面积的68%）、阿根廷（约占22%）、加拿大（6%）和中国（3%）。这四国所种植的转基因作物占全球转基因作物种植总量的99%。

转基因生物的优点，一是丰富了种植资源，缩短育种年限；二是可以打破各物种之间的生殖隔离；三是通过转基因技术可培育高产、优质、高抗等特性的作物新品种，以减少对农药、化肥和水的依赖，降低农业成本，大幅度地提高单位面积的产量，改善食品的质量，缓解世界粮食短缺的矛盾；四是利用转基因技术生产有利于健康和抗疾病的食品；五是转基因食品可以摆脱季节、气候的影响，让人们一年四季都可吃到新鲜的瓜菜；六是利用转基因技术可培育出生长周期短、产仔多、生蛋多、泌乳量高，肉类、皮毛品质与加工性能好，并具有抗病性的动物，目前已在牛、羊、猪、鸡、鱼等家养动物中取得一定成果；七是减轻农业发展对环境的影响。实践证明，常规农业对环境具有很大的影响，转基因作物则可通过两个方面帮助减少温室气体排放和防止气候变化。一方面是通过减少喷洒杀虫剂和除草剂，从而降低石油使用量、实施免耕法以保持水土等形式，减少二氧化碳排放。另一方面是具有抗干旱特性的转基因作物能提高淡水利用率。

除以上优点外，转基因作物还能保持生物多样性；有利于促进高效生物燃料的生产；有利于获得可持续经济效益等。

然而所有的事物都有它的两面性，转基因生物也不例外。伴随着“转基因”的优点渐渐为人们所了解，人类有关转基因技术和转基因食品的争论就从未停止。它在给人类带来巨大利益的同时，也可能产生一系列风险。转基因技术改造自然还是破坏自然？造福人类还是给人类带来灾难性的毁灭？在人类的科技发展史上，除了20世纪40年代中期发展起来的核技术外，恐怕没有像基因工程技术一样，在全世界引起如此大的关注和争议了。

(二)资料准备

1.图书馆或资料室

利用图书馆或资料室的书籍或报刊,查找有关种质资源与转基因的有关信息资料。

2.电脑、网络、新媒体

利用电脑上网或利用手机上 Wifi 等,查找有关种质资源与转基因的信息资料。

3.教师准备的资料单

关于种质资源与转基因的相关文章。

二、任务设计与实施

【任务设计】

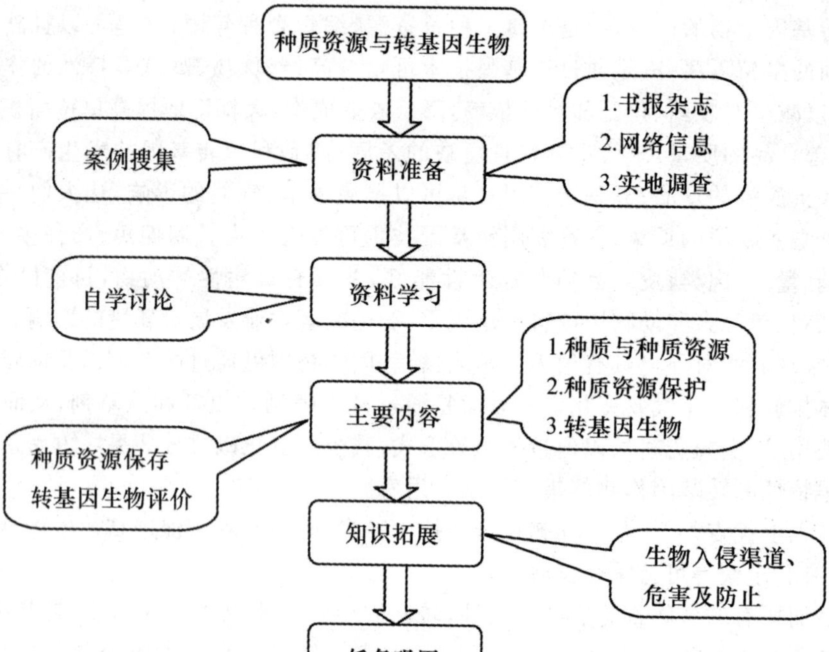

【任务实施】

(一)导入案例

【案例一】

2001 年美国孟山都公司利用我国的野生大豆品种，研究发现了与控制大豆高产性状密切相关的“标记基因”，向美国和包括我国在内的 100 个国家提出了 64 项专利保护申请。其申请涵盖了所有含有这些“标记基因”的大豆及其后代，同时也包括具有相关高产性状的育种方法和所有引入该“标记基因”的作物。这些直接影响了我国大豆的科研、生产和出口。

【案例二】

1970 年秋，我国“杂交水稻之父”袁隆平在海南岛崖县的南红农场附近的沼泽地里奇迹般地发现了一株天然变异的雄性不育野生水稻。这一发现，为袁隆平的杂交水稻研究打破了突破口、带来了转机。不仅让国人告别了饥饿，还帮助世界人民解决吃饭问题。袁隆平的奉献赢得了全世界的尊崇，赞扬他是“用一粒种子改变了世界”的人。

但是，30 年后，当研究者重返海南旧地时，当年发现雄性不育野生水稻的沼泽地已不见了，那个地方再也没有雄性不育的天然变异野生水稻了，就连普通野生稻也所剩无几。如果这个地方早 30 年被开发，沼泽地及野生水稻 30 年前就消失了，不知道会对袁隆平先生的研究造成多么大的影响，我国老百姓的吃饭问题还能够像现在这样无忧无虑吗？

【案例三】

“蓝色妖姬”最早来自荷兰是一种加工花卉。它是用一种对人体无害的染色剂和助染剂调合成着色剂，在白玫瑰(或白月季)快到花期时，开始用染料浇灌花卉，让花像吸水一样，将色剂吸入进行染色。市场上出售的“蓝色妖姬”都是人工染色

普通玫瑰　　蓝色妖姬

图 4-1　转基因“蓝色妖姬”亮相

后的产物。2008 年 11 月 1 日闭幕的东京国际花卉博览会上，全球首批真正的蓝玫瑰首次在公众面前亮相。这种蓝玫瑰是转基因玫瑰，被植入三色紫罗兰所含一种能刺激蓝色素产生的基因，花瓣因而自然呈现蓝色。

(二)分析案例

由案例一和案例二分析认知种质及种质资源的重要意义

一份种质资源是否有价值，取决于是否携带优异基因。一个新基因的发现和利用，所产生的经济和社会效益是巨大的。这方面，美国大豆产业就是一个证明。

据国际机构统计和预测，到 2010 年，"以资源为基础，以基因为核心"的生物产业，仅作物种子的收入就达 3 000 亿美元，相关农产品的总收入将些严峻的事实都不允许我们沾沾自喜。中国有几千年的农耕文明，那是过往的事实。如今，我们是种质资源大国，并非知识产权大国。没有知识产权，就等于"拿了就白拿"。如果等到人家拿了我们的东西做成了高价产品再卖给我们时，悔之已晚。要想在种质资源上占有主动权，我们千万不能在种质资源大国的功劳簿上睡大觉，唯一的办法，是迎头赶上，尽早掌握种质资源的"知识产权"。

从上面的例子不难理解，一棵无名的小草，一个合适的野生品种，所含的特定基因，竟然有可能改变一个国家和民族的命运、操纵着人类的生活，遗传多样性的价值。

(三)种植资源保存

为避免种质资源的流失。必须利用自然或人工创造的适宜环境，长期保存种质材料的生活力。种质资源的保存方法因作物繁殖方式、种子类型不同而异。多年生植物可采用就地保存和种质圃保存及离体保存，对种子繁殖植物可人工不创造环境条件保存其种子；也可利用 DNA 重组技术，对某一种质总 DNA 及其定基因进行基因文库保存。常用的办法有：

1. 就地保存

就地保存就是种植资源在原来的生态环境中，不经迁移，采取措施加以保护，如划定自然保护区、国家公园、人工圈护稀有的良种单株及历史上遗留下来的古树名木。稀有种、濒危种一般也应用此法(图 4-2)。

2. 种子保存

栽培植物多数是种子繁殖，故种子保存是常用的种质保存方法。种子有两类：一类为"正常型"种子，绝大多数作物种子属于这一类，要求低温十燥的条件下保存；另一类为"顽拗型"种子，如核桃、栗、开心果等，不能在低温干燥条件下贮藏，其保存方法尚未真正解决。

图 4-2 深山里的柿子

目前正常型种子保存主要采用种质库保存。短期种质库用于临时存放；中期种质库（温度 0～5℃、空气相对湿度 32%～37%）用于分发用种子贮存，保存期 10 年；长期种质库（温度－10～15℃，空气相对湿度 32%～50%）主要用于长期保存种质，保存期 30～50 年。长期库中种子发芽率下降到一定程度（65%～80%）或种子量下降到可接受的最低限度，就需要进行繁殖更新。

3. 离体保存

植物体的每个细胞，在遗传上都是全能的，含有发育成植物体所必需的全部遗传信息。离体保存是在适宜条件下，用离体的分生组织、花粉、休眠枝条等保存种质资源。离体保存具有保存数量多、便于繁殖，节约土地和劳力，避免不良条件影响等优点。有许多问题尚需研究解决。离体保存也采用超低温保存，即将原生质、细胞、组织器官或花粉经处理后，放入液态氮中（－196℃）保存。

4. 基因文库保存

基因文库保存是利用 DNA 重组技术，将种质材料的总 DNA 片段或染色体所有片段随机连接到载体上（如质粒、黏性质粒、病毒），然后转移到寄主细胞（如大肠杆菌、农杆菌），通过细胞增殖，构成各个 DNA 的克隆系。在超低温下保持各无性繁殖系生命，即可保存该种质的 DNA。

（四）分析评价转基因生物

1983 年，世界上第一例转基因植物——种含有抗生素药类抗体的烟草在美国成功培植。当时有人惊叹："人类开始有了一双创造新生物的'上帝之手'。"随后，"转基因"一词逐渐成为人们关注的焦点。直到现在，它已经为大多数人所熟悉。每一项高新技术的应用都有它的双面性，有长亦有短。核能的开发利用，在为人类提供了巨大的核能发电的同时也造出了对人类具有毁灭性破坏的核武器；农药的应用对于防治农作物害虫发挥了巨大的作用，使农作物大幅度的增产，但同时也对人畜和环境造成极大的危害；工业革命为人类社会带来了巨大的财富，同时也为人类带来了灾难性的环境污染和生态平衡的破坏，同样随着农业科技的迅猛发展，转基因作物的应用也越来越多，所带的经济效应也是有巨大的，转基因作物所具有的多重优势能够有效地促进农业可持续性发展。然而，转基因作物的利弊权衡对于转基因作物的出现和发展，仍存在很多争议。转基因食品的营养作用、对抗生素的抵抗作用、对生态环境造成新的污染，即所谓的遗传基因污染等问题尚未得到证实和解决。

1.转基因生物造成基因污染

大量的转基因生物进入自然界后很可能会与野生物种杂交，造成基因污染，从而影响到生物多样性的保护和持续利用，这种污染对环境及生态系统造成的危害比其他任何因素对环境造成的污染都难以消除。例如，抵抗除莠剂的转基因油菜会使野生芥菜受到传染，从而使野生芥菜对除杂草措施不敏感。

2.转基因生物对土壤环境的影响

土壤是生态系统中物质循环和能量转化过程的重要场所，大量种植以抗杂草基因作为外源基因的转基因作物，会使土壤中自然的腐殖质逐渐消耗殆尽，使土壤本身的肥力下降，为了保证产量，农民不得不大量使用化肥，从而导致土壤结构的改变，土质的恶化以及环境（主要是水）的污染。

3.转基因产生"超级"杂草或昆虫

所谓"超级"，是指它们具有其同类本不具有的抗特定除草剂或杀虫剂的能力。也就是说，本来可以杀死它们的除草剂或杀虫剂对它们再也无效。由于它们的一般同类都被该除草剂或杀虫剂消灭了，无其他草或虫与它们进行生存竞争，可以取得尽量多的营养和生存空间。于是，它们就可自由生长，而且长得特别快也特别大。

4.可能危害有益昆虫类群

大量转基因农作物转入了 Bt 毒蛋白基因作为其抗虫的外源基因，虽然其表达产物 Bt 毒蛋白对人类无害，但若是以农作物为食的害虫消失殆尽，以这些害虫为食的益虫也遭受灭顶之灾了。长期大面积种植这种作物可能会对有益昆虫类群造成难以挽回的危害，一旦这种现象发生，不仅会对农业造成危害，也将是对生态环境的沉重打击。

5.转基因作物对环境的威胁

转基因作物对环境具有潜在的影响，特别是对生态环境带来了前所未有的风险。某种转基因作物作为一个新的物种出现，如果其带来的外来基因在栽培过程中“漂移”，就有可能进入野生植物种群，使其遗传性状改变，进而对其他生物产生不利影响，破坏自然环境的生态平衡，同时转基因作物也可能会对人类健康带来危害。如抗除草剂的基因通过花粉漂移转到可配的杂草上，使杂草获得除草剂抗性，特别在同一地区推广抗不同除草剂作物时，若多种除草剂抗性基因都转到同一杂草上将使所有的除草剂失效。

(五)任务实施与组织

(1)安排学生课前预习种质资源与转基因相关内容，在教师的指导下，通过多种信息渠道查询资料。关键词有:种质资源、保护、转基因等。

(2)每个学员结合所学专业，开展一次当地种质资源调查，并完成一份种质资源调查报告。

(3)尝试总结与分析关于转基因生物的各种观点，为未来转基因工程发展建言献策。每人写一份 1 500 字的建议。

(4)小组讨论，通过头脑风暴法扩大学习成果，并集中集体智慧完成一份综合“×××地区种质资源调查报告”。每组选一个代表，在全班讲解小组的综合“×××地区种质资源调查报告”形成、思路、收获，组员补充收获的内容。

(5)教师组织发动全班同学讨论、评价各小组的学习情况，达到全班同学共享学习资源和收获体会，巩固所学的知识内容。

三、学习拓展

生物入侵

“生物入侵”是指某种生物从外地自然传入或人为引种后成为野生状态，并对本地生态系统造成一定危害的现象。

外来生物在其原产地有许多防止其种群恶性膨胀的限制因子，其中捕食和寄生性天敌的作用十分关键，它们能将其种群密度控制在一定数量之下。因此，那些外来种在其原产地通常并不造成较大的危害。但是一旦它们侵入新的地区，失去了原有天敌的控制，其种群密度则会迅速增长并蔓延成灾，而自然界里生态环境中存在着食物链，天敌之间相互制约，一旦某种生物人为绝灭和人为引入，都会产生一系列难以想象的后果。

【案例一】

澳大利亚兔子的启示

历史上，外来物种引入某一地区及由其引起严重后果是伴随着欧洲殖民扩张的历史而被人们所知晓的。非本地物种的引入如果没有得到有效的引导和控制，就会严重危害到当地人们的生产和生活，危害生态环境。1859 年，当澳大利亚的一个农夫为了打猎而从外国弄来几只兔子后，一场可怕的生态灾难爆发了。兔子是出了名的快速繁殖者，在澳大利亚它没有天敌，由于数量不断翻番，它很快就开始毁坏庄稼。人们组织了大规模的灭兔行动，但收效甚微。到了 19 世纪 90 年代，当兔群抵达西澳时，人们修了一条长达 1 000 英里(1 英里＝1.61 km)的栅栏，试图将其拦住，但是这个栅栏很快被冲破了。1950 年，澳大利亚的兔子的数量从最初的 5 只增加到了 5 亿只，这个国家绝大部分地区的庄稼或草地都遭到了极大损失，一些小岛甚至发生了水土流失。绝望之中，人们从巴西引入了多发黏液瘤病，来对付迅速繁殖的兔子。但是针对兔子的细菌战被证明只是使不断恶化的状况得到暂时缓解，一小部分兔子对这种病毒具有天然的免疫能力，它们在侥幸逃生后又快速繁殖起来。整个 20 世纪中期，澳大利亚的灭兔行动从未停止过。

【案例二】

在美国的加利福尼亚，1976 年时只有 3 种外来植物，但过了一个世纪，外来植物就达到 91 种，欧洲植物占到了当地植被数量的一半。刺梨是 1837 年被引入澳大利亚的，为的是提供树篱。它很快就在昆士兰和新南威尔士疯长开了，形成了超过 6 英尺高的障碍。(1 英尺＝0.3048 m)到 1925 年，有 6 000 万英亩的土地受到影响，这些地区有一半的土地除刺梨外其他什么植物都不能生长(1 英亩＝4 047 m^2)。最后，靠着引进南美的毛虫——它们以刺梨为食，刺梨才在一定的区域内得到了控制。

(一)生物入侵渠道

生物入侵包括自然入侵、无意引进、有意引进 3 种渠道。自然入侵不是人为原因引起的，而是通过风媒、水体流动或由昆虫、鸟类的传带，使得植物种子或动物幼虫、卵或微生物发生自然迁移而造成生物危害所引起的外来物种的入侵。如紫茎泽兰，薇甘菊以及美洲斑潜蝇都是靠自然因素而入侵中国的。

无意引进虽然是人为引进的，但在主观上并没有引进的意图，而是伴随着进出口贸易，海轮或入境旅游在无意间被引入的。如“松材线虫”就是中国贸易商在进口设备时随着木材制的包装箱带进来的。航行在世界海域的海轮，其数百万吨的压舱水的释放也成为水生生物无意引进的一种主要渠道。此外，入境旅客携带的果蔬肉类甚至旅客的鞋底，可能都会成为外来生物无意入侵的渠道。

有意引进是外来生物入侵的最主要的渠道，世界各国出于发展农业、林业和渔业的需要，往往会有意识引进优良的动植物品种。如20世纪初，新西兰从中国引种猕猴桃，美国从中国引种大豆等。但由于缺乏全面综合的风险评估制度，世界各国在引进优良品种的同时也引进了大量的有害生物，如大米草、水花生、福寿螺等。这些入侵种由于被改变了物种的生存环境和食物链，在缺乏天敌制约的情况下泛滥成灾。全世界大多数的有害生物都是通过这种渠道而被引入世界各国的。

（二）生物入侵的危害后果

一般来说，外来入侵物种具有生态适应能力强、繁殖能力强、传播能力强的特点，而且被入侵生态系统环境往往具有足够的可利用资源、缺乏自然控制机制，且人类进入的频率高。在我国，外来生物入侵的特点是容易形成入侵、涉及面积广、被入侵的生态系统多、入侵物种类型多、无意引入多、有目的的引入多、入侵种的危害已经显现等多个方面。

生物入侵的危害主要表现在三个方面：破坏生态环境、威胁人类健康、危害经济发展。

1.外来入侵物种会造成严重的生态破坏和生物污染

大部分外来物种成功入侵后大暴发，生长难以控制，造成严重的生物污染，对生态系统造成不可逆转的破坏。比如，原产南美洲的水葫芦现已遍布华北、华东、华中、华南的河湖水塘。连绵1 000 hm^2的滇池，水葫芦疯长成灾，布满水面，严重破坏水生生态系统的结构和功能，已导致大量水生动植物死亡。外来入侵物种通过压制或排挤本地物种，形成单优势种群，危及本地物种的生存，最终导致生物多样性的丧失。比如，原产美洲的紫茎泽兰现已遍布我国西南大部分地区，在其发生区总是以满山遍野密集成片的单优植物群落出现，已导致原有植物群落出现衰退、消失现象。

2.威胁人类健康

外来入侵物种不仅对生态环境和国民经济带来巨大的损失，而且直接威胁人类健康。豚草和三裂叶豚草现分布在东北、华北、华东、华中地区的15个省市。豚草所产生的花粉是引起人类花粉过敏症的主要病原物，可导致“枯草热”症。除了疯牛病、口蹄疫，历史上由于有害生物危害人类健康和农业生物的安全，给人类带来的灾难是十分沉痛的。公元5世纪下半叶，鼠疫从非洲侵入中东，进而到达欧洲，造成约1亿人死亡；1933年，猪瘟在中国传播流行造成920万头猪死亡；1997年，香港发生禽流感事件，不得不销毁140万只鸡，仅赔偿鸡农鸡贩的损失即达1.4亿港币。

3.生物入侵导致生态灾害频繁暴发，对农林业造成严重损害，危害经济发展

近年来，松材线虫、湿地松粉蚧、松突圆蚧、美国白蛾等森林入侵害虫严重发生与危害的面积逐年增加；豚草、紫茎泽兰、飞机草、薇甘菊、空心莲子草、水葫芦、大米草、加拿大一支黄花等肆意蔓延，已到了难以控制的局面。据专家估算，全国每年因生物灾害给农业带来的损失占粮食产量的10%～15%，棉花产量的15%～20%，水果蔬菜的20%～30%。

(三)防止外来生物入侵的措施

具体来说，防止外来生物入侵的有以下几条建议：

1.加强立法，并要严格执法

在防止外来生物入侵方面要单独立法，从源头做起，从初期做起，使法制健全。

2.加强国际合作

通过信息网络、参加国际研讨会进行讨论和交流，看各国外来生物入侵趋势，对目前世界上造成危害较大的动物、植物、昆虫要格外提高警惕，防患于未然。

3.提高警惕，要有前瞻性

一旦预测到什么物种近几年来可能会入侵某地区，就要及早了解，早采取措施，防止传入，并做好一旦进入我国，就要快速控制和治理的准备。

四、任务巩固

1.我国在种质资源保护上存在哪些问题？

2.简要总结转基因生物的优点和威胁。

任务二 熟知森林资源

一、学习准备

(一)知识准备

1.森林资源

狭义的森林资源主要指的是树木资源，尤其是乔木资源。广义的森林资源指林木、林地及其所在空间内的一切森林植物、动物、微生物以及这些生命体赖以生存并对其有重要影响的自然环境条件的总称(图4-3)。

图 4-3 原始森林

2.森林资源的分类

森林资源分类是根据森林在国民经济和人民生活中所起的作用和本身的特性所作的类别划分。森林资源分类有多种途径,大体为 4 种:即按森林的作用分类,按人为影响的程度分类,按林木的特征分类,按森林的自然属性分类。

(1)按森林的作用分类。中国森林法规定将森林划分为如下五类:

①防护林。以防护为主要目的的森林、林木和灌木丛。

②用材林。以生产木材为主要目的的森林和林木。

③经济林。以生产果品、食用油料、饮料、调料、工业原料和药材等为主要目的的林木。

④薪炭林。以生产燃料为主要目的的林木。

⑤特种用途林。以国防、环境保护、科学试验为主要目的的森林和林木。

(2)按人为影响的程度分类。通常将森林分为原始林、次生林和人工林三类。

①原始林位于边远地区,基本上不受人为的影响。

②次生林是原始林经过人为的干扰破坏以后,通过林木的自然更新再度发生的森林。

③人工林是人为地采用播种或植苗的方式营造的森林。

(3)按林木的特征分类。人们常根据优势树种对于森林资源进行分类,并且可以依据优势树种的分类地位制定出多极的分类系统。例如,首先可分为针叶林和阔叶林,而针叶林可按照优势树种的属,分为松林、落叶松林等,松林又可分为油松林、红松林、马尾松林等。除此以外,还要考虑各树种的构成比例,按此特征可将森林资源分为纯林和混交林两大类。天然林大多数是混交林,但在气候和土壤条件比较苛刻的地方，也可能形成纯林。人工林大多数是纯林。

区分森林资源的另一重要林木特征是林木的起源。凡林木是种子更新起源的，称之为实生林，凡是以无性更新方式起源的，称为萌芽林或无性繁殖林。

年龄亦是区分森林资源的重要林木特征。根据龄级（多数以 20 年为一个龄级，有时以 10 年或 5 年为一个龄级，随树种的生长快慢和经营强度而定）划分年龄阶段。通常划分为幼龄林、中龄林、近熟林、成熟林和过熟林 5 类。成熟林和过熟林是当前可以采伐利用的资源，幼龄林、中龄林和近熟林则是后备资源或称经营资源。

（4）按森林的自然属性分类。林木特征是森林的自然属性，但随着对森林的研究的深入，要求对于森林资源进行更加科学的分类。对此，分类的途径和方法也多种多样，大体可分为植被学途径、立地学途径和生态系统的综合途径三大类。

①植被学途径。中国植被学家以植被型、群系和群丛为基本的分类单位。此外，还有一些辅助单位。如属于森林的针叶林和阔叶林就是两个大的植被型组（植被型组就是一个辅助单位）。在针叶林中，划分为寒温性针叶林、温性针叶林、温性针阔叶混交林、暖性针叶林、热性针叶林 5 个植被型。在阔叶林植被型组中，区分为落叶阔叶林、常绿落叶阔叶混交林、常绿阔叶林、硬叶常绿阔叶林、季雨林、雨林、珊瑚岛常绿阔叶林、红树林、竹林 9 个植被型。基层的分类单位群丛，则要求以群落中各层的植物成分和环境条件都相同作为划分的条件。

②立地学途径。按照立地条件的特点对森林进行分类也是许多国家的常用做法。这种方法既可以应用于无林地，也可以应用于有林地。对于山地条件，中国很多地区采用了诸如海拔、坡向和土层厚度这类因子，划分的土地单元通常称之为立地条件类型。

③生态系统的综合途径。森林是一个生态系统，采用综合的观点对森林进行分类是最合理的。目前很多国家都在进行尝试，并且取得一定的成就。

3. 森林资源的特征

（1）森林资源再生的长期性。在一定条件下森林具有自我更新、自我复制的机制和循环再生的特征，保障了森林资源的长期存在，能够实现森林效益的永续利用。但是，森林资源所具有的可再生性和结构功能的稳定只有在人类对森林资源的利用遵循森林生态系统自身规律，不对森林资源造成不可逆转的破坏的基础上才能实现。因为林木从造林到其成熟的时间间隔很长，天然林的更新需更久的时间，即便是人工速生林也要 10 年左右的时间，这就影响到森林资源的再生性和系统的稳定性。

（2）森林资源的功能。森林作为一个生态系统，是地球表面生态系统的主体，森林资源的经济效益，生态效益，社会效益是同一的，在调节气候、涵养水源、保持水土、防风固沙、改善土壤等多方面的生态防护效能上有着重要的作用。并且地球表面生态圈的平衡也要依靠森林维持。森林储量并不意味着高产量。因为木材生产的储量与年生产量之间存在着一个数量差距。以立木生产为例，森林资源储量与年采伐量比最少是17∶1，最多为50∶1甚至更高。

(二)资料准备

1.图书馆或资料室

利用图书馆或资料室的书籍或报刊，查找有关森林资源分类、特征及存在问题等信息资料；

2.电脑、网络、新媒体

利用电脑上网或利用手机上 Wifi 等，查找有关森林资源分类、特征及存在问题等信息资料；

3.教师准备的资料单

关于森林资源分类、特征及存在问题等的相关文章。

二、任务设计与实施

【任务设计】

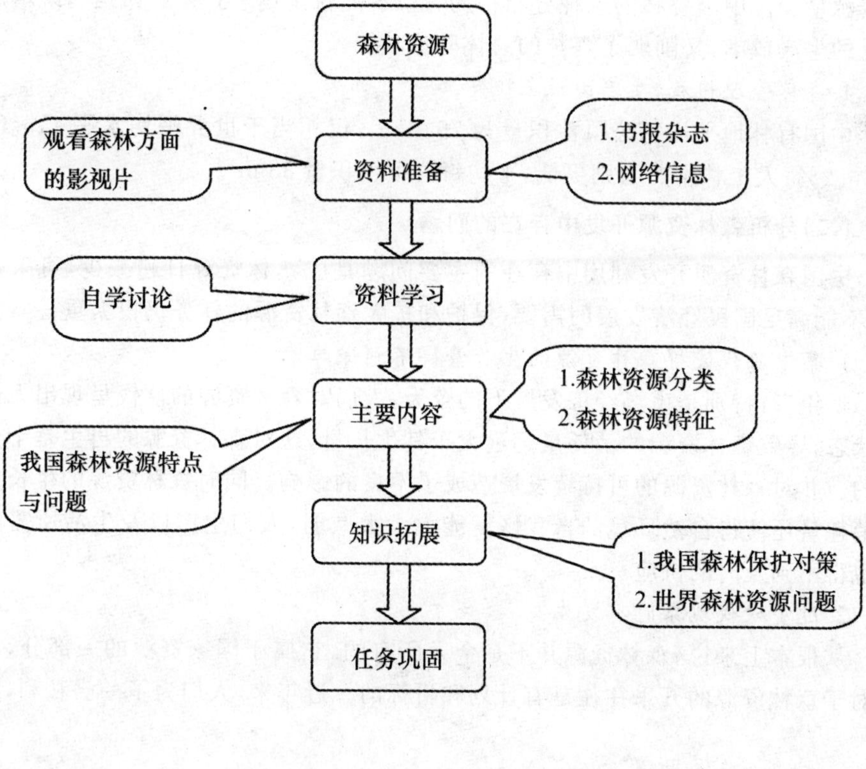

【任务实施】

(一)引导阅读

我国森林资源的主要特点

1.人均资源占有量小

人均有林地面积0.113 hm^2,人均有林地蓄积量7.9 m^3,不及世界人均83 m^3的1/10。

2.林业用地面积大,但利用率低

有林地的利用率仅为50.05%,而德国、日本等林业发达国家的林业利用率都在90%以上。

3.林地分布不均匀,影响了多种效益的发挥

林地集中分布在中国的东南部,西北地区很少。土地面积占全国32.2%的西北地区,有林地面积仅占全国的6.7%,活立木蓄积量为全国的7.7%;在东南部又集中分布在东北和西南地区,而人口稠密、经济发达的长江中下游和珠江流域则分布较少。由于西南地区的森林大多位于崇山峻岭或高深峡谷之中,交通运输困难,开发利用的难度较大,而且90%是成熟林、过熟林,虽然活立木蓄积量较高,但可采资源量少。中国森林的这种分布格局,造成“北材南运”与“东材西运”,既增加了木材的生产成本,又削弱了森林的总体防护功能。

4.森林管理粗放,生产力低下

中国有林地平均每公顷蓄积量为76.5 m^3,仅相当于世界平均水平115.5 m^3的66.2%;人工林生产力则更低,平均每公顷蓄积量33 m^3。

(二)分析森林资源开发中存在的问题

中国森林资源开发利用中存在的主要问题是成熟林资源日趋减少,可采资源少,不能满足国民经济发展的需要,保护和扩大森林资源的任务仍很繁重。

1.集中砍伐使得森林资源的生长量得不到保障

近年来,特别是市场经济发展下的今天,人们对森林资源的砍伐呈现出无节制的状态,导致森林资源的消耗量远远大于其生长量,这对森林资源的再生是十分不利的。并对森林资源的可持续发展造成了不良的影响。同时森林资源的生长量小于消耗量还使得自然环境的自我恢复能力大大减弱,人们生产以及生活所需的木材也得不到及时的供应。

2.过量砍伐现象时有发生

从根本上来说,森林资源并不是个人所有的,它属于国家资源的一部分,而我国对于森林资源的开采往往是有计划和目标的。近年来,人们为了一己私利,对森

林资源的需求呈现出越来越大的局面，于是容易导致森林的过量采伐，并且这些采伐都是国家计划之外的，也是不合法的。这种现象同样也会导致森林资源的消耗远远大于其生长，这同样对森林资源的可持续发展带来了负面影响。

3. 森林资源面临火灾和病虫害的威胁

我国森林资源在保护中比较难控制的一项内容就是火灾防范与病虫害防范。对森林资源进行必要的病虫害治理对森林资源的健康成长有着十分有利的影响，同时也对改善森林周围的居住环境有着重要的意义。在实际的森林防护中，真正做到病虫害及火灾防范的单位是十分少的，这对森林资源的保护是十分不利的，同时也加剧了病虫害扩散的可能。

4. 存在森林不合理开荒现象

尽管森林保护是每一个人都知道的责任，但是我国对于森林保护法律法规的建设还是不太完善的。加上一些特殊地区人们对森林保护的意识并没有那么强，于是造成了一些地区人们对森林资源的乱垦乱伐，森林开荒成耕地的现象也是时有发生。这对森林资源的可持续发展以及我国生态文明的建设都是一种阻碍。

(三)任务实施与组织

(1)安排学生课前预习森林资源分类、特征及存在问题等有关内容，在教师的指导下，通过多种信息渠道查询资料。关键词有：森林资源、分类、特征及存在问题等。

(2)每个学员在汇总查找的相关资料的基础上，以书面报告形式综合分析2000年以来我国森林面积的变化趋势，总结我国森林资源在数量、质量、天然林、人工林等方面的特点。

(3)小组讨论，通过头脑风暴法扩大学习成果，并集中集体智慧完成一份较好的“我国森林资源现状与合理开发”书面报告。

(4)每组选一个代表，在全班讲解小组“我国森林资源现状与合理开发”书面报告的形成、学习收获，组员补充收获的内容。

(5)教师组织发动全班同学讨论、评价各小组的学习情况，达到全班同学共享学习资源和收获体会，巩固所学的知识内容。

三、学习拓展

(一)加强我国森林保护的有效对策

据统计，全世界的森林面积2010年达到40亿hm^2，覆盖率是全球面积的22%。世界上森林覆盖率最大的国家是芬兰，其国土面积的70%几乎都被森林覆盖了，而我国的森林覆盖率只有14%，甚至更少，并且我国森林资源存在着严重的分布不均匀现象，呈现出较大的地域差别。东北、西南、东南部山区以及边疆地区的森林资源比较丰富，而我国的中原地区如在山西、河北、河南等地的森林资源是比较匮乏的，最为严重的是我国的西北地区，该地区的森林覆盖率连1%都达不到。

多年来，由于无节制砍伐现象的存在，森林资源在逐年减少，这对人类的发展是十分不利的。最近几年，我国的科技得到了较大的发展，因此利用现代科技来保护森林资源的现象已经是普遍存在的了。但是如果现代技术利用的不得当，会加速森林资源的毁灭。例如，一些人员为了自身的利益，不遵守相关规定，大量的无节制的对森林资源进行砍伐，结果引起了森林资源工业化的盲目发展。不仅如此，对于一些比较贫困的地区来说，由于当地人口的不断增多，加大了人们对森林的砍伐来换取部分的耕地，这对森林资源的可持续发展来说都是毁灭性质的打击，所以，人们更加有责任来提高全体人员的森林保护意识，从而加强对森林资源的保护。

1.加大森林保护的宣传工作，提高全民的森保意识

提高全民的森林保护意识是实现森林保护工作的基础，因此，国家有关的职能部门要在全国范围内加大宣传的力度，让森林保护的相关法规如《森林法》等深入群众，从法律的基础上约束人们的行为。对于居住在山区的一些群众应该采取多种形式进行森林法规教育，提高他们的森林保护意识。

2.科学合理的利用森林资源

对森林资源的科学合理采伐利用是实现森林资源可持续发展的最有效途径，因此，作为森林保护工作的最高职权部门——林业部，需要加大在全国范围内森林开采的指导力度，制定森林开采的长远计划。改变一些森林资源丰富地区的单一经营模式，彻底转变一些人的滥砍滥伐思想，把林业资源进行综合的利用，提高其经济价值。

3.提高森林保护人员的责任意识

对林业管理人员的队伍建设也是加强森林保护的有效对策。这需要森保人员不断的认识到自己的责任，通过实践和学习提高自己的行政执法能力。在群众中普及护林主动性和自觉性的重要性，依靠全民的力量制止不适当的森林开采行为。同时林业管理人员还要加强限额砍伐管理工作，对于利用自己之便为滥砍滥伐提供便利的管理人员要加以惩罚。

4.责任到人，提高工作效率

只有在森林保护工作中实行责任到人的制度才能有效的规范工作人员的行

为,并以该制度为前提,实行必要的奖惩制度,确保森林保护工作的有效开展。

5.做好森林防火及病虫害防治工作

森林防火和森林病虫害的防治是森林保护工作的重要组成之一。目前,我国的森林由于保护工作不到位以及气候的影响,森林极易出现火灾,加上一些病虫害的困扰,森林资源将面临很大的威胁。所以,抓好森林防火工作,做好森林病虫害防治工作就显得尤为重要。同时在实际的管理中,还要加强相关人员的森林防火意识,提高森林救火能力。

(二)世界森林资源问题

世界森林资源是指地球上以乔木为主体的生物群落与非生物环境因素相互作用所形成的森林生态系统的总称。既包括以乔木及竹类为主的郁闭的森林,也包括密度较低的疏林地,无林地(宜林)、森林景观及散生木和四旁树等。世界森林资源主要特点:一是世界森林资源的分布很不均衡。欧洲的温带、北美洲的寒温带和南美洲的热带雨林是世界上最主要的森林资源分布地区。世界森林资源最丰富的地区是欧洲,占世界森林总面积的26.86%,森林覆盖率高达46%。世界森林资源分布最少的是亚洲,占世界森林总面积的14.16%。二是人均森林资源差异大。2010年,世界人均森林面积为0.645 hm^2,人均森林资源蓄积量为64.62 hm^2。人均森林资源最丰富的是大洋洲,其次是欧洲和南美洲;亚洲是世界森林资源最少的地区,人均森林面积仅为0.15 hm^2,人均森林蓄积量仅为9.49 m^3。三是森林资源大幅度减少。由于多方面的原因,世界森林资源遭到了严重破坏,森林面积大幅度减少。根据联合国粮农组织于2001年8月公布的资料,1990年世界森林面积为396 342.9万 hm^2,而2000年世界森林面积为386 945.5万 hm^2,10年世界森林资源面积共减少了9 397.4万 hm^2,占总面积的2.37%。非洲是减少最多的地区,共减少森林面积5 263.6万 hm^2,年均减少0.75%;其次是南美洲,年均减少森林371.1万 hm^2,都超过了世界森林的平均减少速度(0.24%)。世界森林资源减少最多的国家依次是巴西、印度尼西亚、苏丹、赞比亚、墨西哥等拉丁美洲、亚洲和非洲的发展中国家。

世界森林资源减少的原因大致可归结为如下几个方面。

第一,世界森林灾害严重是造成森林资源减少的重要原因。随着全球气候变化,世界森林火灾频繁发生,造成大量森林被毁。根据联合国粮农组织对世界森林灾害的调查,印度尼西亚和巴西两国,1997年的森林大火就焚毁了至少500万 hm^2 的森林。

第二,不断扩大农耕地面积是导致20世纪以来非洲和亚洲热带地区森林消失的主要原因之一。进入21世纪后,由于扩大粮食生产的压力增大,在某些发展中国家,尤其是近撒哈拉地区的非洲和拉美国家,将会继续把一些林地转变为农耕地,因为这些地区要想满足食物需求,其他可供选择的途径非常有限。

第三,世界林产品需求不断加大。根据粮农组织最近的预测,目前世界工业用材的年需求量(不包括薪材)为 14.9 亿 m^3,2010 年将上升到 18.7 亿 m^3。许多发展中国家为了发展经济,不断加大对森林的采伐,扩大林产品出口,这也是森林资源遭到破坏的原因之一。

四、任务巩固

1. 试述森林资源的生态防护效能。
2. 我国森林资源开发存在哪些问题?如何合理开发?

任务三 认知草地资源

一、学习准备

(一)知识准备

1. 草地面积与分布

在 20 世纪 80 年代进行的首次全国统一草地资源调查资料显示,我国有天然草地面积 33 099.55 万 hm^2(为可利用草地面积,下同)小于澳大利亚(澳大利亚为 43 713.6 万 hm^2),比美国大(美国为 24 146.7 万 hm^2),为世界第二草地大国。

天然草地在全国各地均有分布,从行政省区来看,西藏自治区草地面积最大,全区有 7 084.68 万 hm^2,占全国草地面积的 21.40%;依次是内蒙古自治区、新疆维吾尔自治区、青海省,以上四省区草地面积之和占全国草地面积的 64.65%。草地面积达 1 000 万 hm^2 以上的省区还有四川省、甘肃省、云南省;其他各省区草地面积均在 1 000 万 hm^2 以下;又以海南、江苏、北京、天津、上海五省(市)草地面积较小,均在 100 万 hm^2 以下(图 4-4)。

我国人工草地不多,据 1997 年统计,全国累计种草保留面积 1 547.49 万 hm^2,这其中包括人工种草、改良天然草地、飞机补播牧草三项。如果将后两项看作半人工草地,即我国人工和半人工草地面积之和也仅占全国天然草地面积的 4.68%。我国人工草地和半人工草地虽不多,但全国各省区都有,以内蒙古自治区最大,有

图 4-4　西藏草原

443.34 万 hm^2，达到 100 万 hm^2 以上的依次有四川省、新疆维吾尔自治区、青海省和甘肃省。由于人工草地的牧草品质较好，产草量比天然草地可提高 3～5 倍或更高，因而在保障家畜饲草供给和畜牧业生产稳定发展中起着重要的作用。

2. 天然草地类型组成

我国国土面积辽阔、海拔高差距悬殊、气候千差万别，形成了多种的草地类型，全国首次统一草地资源调查将全国天然草地划分为 18 个草地类，824 个草地型。

在组成全国各类草地中，高寒草甸类草地面积最大，全国有 5 883.42 万 hm^2，占全国草地面积的 17.77%。这类草地集中分布在我国西南部青藏高原及外缘区域。依次是温性草原类草地、高寒草原类草地、温性荒漠类草地，这三类草地各自占全国草地面积 10%左右，以上 4 类草地面积之和可占到全国草地面积的一半，且主要分布在我国北方和西部。下列 5 类草地面积较小，分别是高寒草甸草原类、高寒荒漠类、暖性草丛类、干热稀树灌草丛类和沼泽类草地，它们各自面积占全国草地面积均不超过 2%。其余各类草地面积占全国草地面积在 2%～7%，居于中等。

3. 天然草地资源等级评价

(1)草地资源“等”的评价。依据草地上各种牧草的饲用价值(适口性、营养性、可利用性)分别归入优类、良类、中类、低类、劣类五类牧草中的某一类中，统计各类牧草在草群中所占重要百分比，划分为 5 个等；“等”表示草地草群品质的优劣。等的划分标准具体如下：

Ⅰ等草地：优类牧草占60%以上；

Ⅱ等草地：良类以上牧草占60%以上；

Ⅲ等草地：中类以上牧草占60%以上；

Ⅳ等草地：低类以上牧草占60%以上；

Ⅴ等草地：劣类牧草占40%以上。

统计资料表明，全国Ⅲ等草地面积最大，占全国已划等级草地的39.62%，依次是Ⅱ等草地，占28.23%；Ⅳ等草地，占15.74%；Ⅰ等草地，占11.28%；Ⅴ等草地最少，仅占全国已划等级草地面积的5.13%。说明我国草地总体质量属中等偏上。优良的Ⅰ等草地和劣质的Ⅴ等草地均占较低比重。

(2)草地资源"级"的评价。依据草地上草群产草量(年内最高产量时期测定值)，划分为8个级，级表示草地草群地上部分的产草量多少，具体标准如下：

1级草地：产草量>4 000 kg/hm^2(干重，下同)；

2级草地：产草量3 000～4 000 kg/hm^2；

3级草地：产草量2 000～3 000 kg/hm^2；

4级草地：产草量1 500～2 000 kg/ hm^2；

5级草地：产草量1 000～1 500 kg/ hm^2；

6级草地：产草量5 00～1 000 kg/ hm^2；

7级草地：产草量2 50～5 00 kg/ hm^2；

8级草地：产草量<250 kg/ hm^2。

全国8级草地面积所占比重最大，为22.31%。低产的8、7、6级草地面积之和占全国草地面积的61.65%；高产的1、2、3级草地仅占全国草地面积的17.46%；中产的4、5级草地占全国草地面积的20.89%。总体说明全国低产草地面积大，草地产草量中偏下。西部各省区由于所处地理位置和气候条件不同，产草量存在很大差异，各省区草地级的评定结果表现了多种多样。大致可归纳如下几类，低产草地面积大，中产草地次之，高产草地面积小为第一类。以新疆维吾尔自治区为例，低产的8、7、6级草地面积之和占全自治区草地面积的80.34%，中产的4、5级草地占13.17%，高产的1、2、3级草地仅占全区草地的6.49%。内蒙古自治区、西藏自治区、甘肃省、青海省、宁夏回族自治区均属此类。第二类是高产草地面积大，中产草地次之，低产草地面积小。以广西壮族自治区为例，高产的1、2、3级草地面积之和占全自治区草地面积的72.52%，中产的4、5级草地占19.42%，低产的6、7、8级草地仅占全区草地面积的8.05%。可归入此类的有四川省、贵州省、云南省。陕西省是以中产的4、5级草地为主，二者面积之和占全省草地面积的38.33%。3、4、5、6级草地面积之和占全省草地面积的82.31%，是以中产草地面积为主，这可算作第三类。

(二)资料准备

1. 图书馆或资料室

利用图书馆或资料室的书籍或报刊，查找有关我国草地资源概况及合理利用等信息资料。

2. 电脑、网络、新媒体

利用电脑上网或利用手机上 Wifi 等，查找有关我国草地资源概况及合理利用等信息资料。

3. 教师准备的资料单

关于我国草地资源概况及合理利用等概念的相关文章。

二、任务设计与实施

【任务设计】

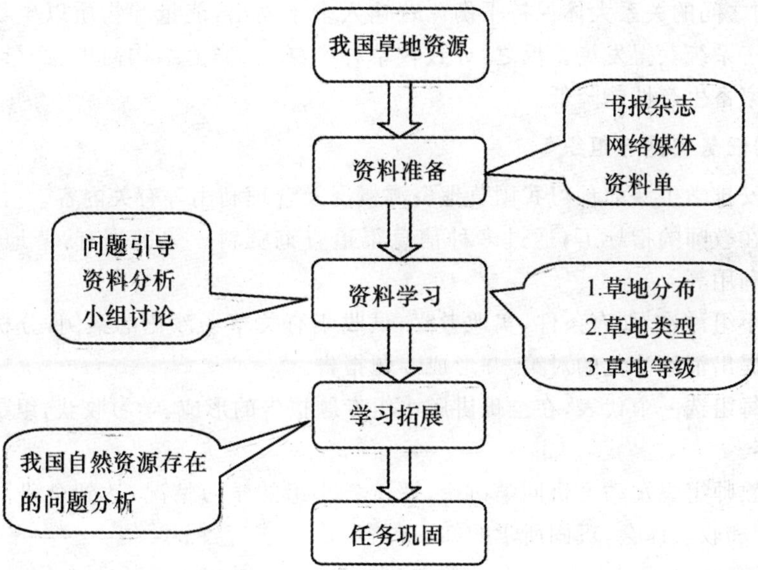

【任务实施】

(一)引导问题

草地对农业、对环境、对生态、对人类等的贡献与作用毋庸置疑，草地资源如何合理开发利用？

(二)分析如何科学地利用草地资源,使之能永续不断地提高生产潜力和提供尽可能多的畜产品

1.明确草地生产性质,正确进行经营管理

把牧草生产和家畜生产放在同等重要的地位。以草为基础,家畜为手段,畜产品为目的,全面安排,在保持并提高牧草生产的条件下,争取获得量多质优的畜产品。

2.因地制宜,扬长避短,充分发挥草地生产的优势

根据草地的自然条件、社会生产力水平、草地类型和它的组合特点,建立合适的草地畜牧业生产形式,并采取不同程度和内容的农林牧结合方式。

3.综合平衡,长远打算

在利用和建设草地时,不能只考虑其某一成分而忽视了其他成分,不能只考虑局部而忽视全体。在利用草地进行生产的过程中,不能忽视长远利益。

4.保持草地生态系统的平衡

草地生态系统各环节的能量和物质的连续输入和输出若趋于相等,牧草、家畜和微生物之间的关系大体保持平衡。若输入多于输出,能量和物质以生物量聚集起来,生态系统获得发展。反之,导致牧草种类减少、群落结构简单、产量减少、环境恶化、家畜生产性能降低。

(三)任务实施与组织

(1)安排学生课前预习我国草地资源概况及合理利用等有关内容。

(2)在教师的指导下,通过多种信息渠道查询资料。关键词有:草地资源、概况、合理利用等。

(3)小组讨论,如有条件,实地考察,试收集有关草场沙化的案例,分析其发生的原因,提出消除沙化的对策,并形成专题报告。

(4)每组选一个代表,在全班讲解小组专题报告的形成、学习收获,组员补充收获的内容。

(5)教师组织发动全班同学讨论、评价各小组的学习情况,达到全班同学共享学习资源和收获体会,巩固所学的知识内容。

三、学习拓展

我国自然资源开发利用存在的问题分析

我国自然资源开发利用的强度越来越大,所引起的生态环境问题也日趋恶化。一方面,20 世纪 90 年代以来,简单粗放,以高投入、高消耗、高污染和低效益(即

“三高一低”)为显著特征的工业化发展在推动我国经济增长的同时也加速了自然资源的浪费与环境的污染。据初步估算,将我国所有污染对经济的损失汇总起来,每年污染造成的损失会占 GDP 的 7%左右,这一数字刚好接近我国近年来经济增长的速度。尽管我国在资源利用与保护方面下了很大功夫,但在粗放型工业化的总体形势下,治理保护却跟不上浪费,生态环境持续恶化,资源和经济可持续发展受到严重威胁;另一方面,面对着我国人口的膨胀与经济高速增长对资源的需求日益增加的压力,社会经济发展与资源、环境保护的两难选择,将是长期困扰我们的矛盾。资源贫乏、消耗大、浪费严重,这正是我国自然资源开发利用过程中存在问题的重要原因,具体加以分析,主要表现在:

1. 自然资源和生态环境价值在认识上缺乏一定的科学性

自然资源的价值可归结为两个方面:一是普遍了解并认同的商品价值,体现的是物质价值;二是服务价值,即通常所说的生态价值、社会价值等,主要体现的是精神价值。第一类价值是可以简单计算并易于用货币来体现的,而第二类价值则不能用简单的方法进行计算,且难以简单用货币的形式来体现。

但是,结合自然资源消失所造成的直接和间接经济损失以及补偿损失所要付出的代价,与不开发自然资源所带来的经济损失进行比较,是比较直观的方法。例如,徐篙龄(1997)通过计算指出:1985 年我国由于森林破坏而造成的年度经济损失约为人民币 298 亿元,未来恢复费用约为 90 亿元;1993 年则分别为 584 亿元和 179 亿元。又如,重庆市统计局的核算资料表明:1997 年该市水污染对生产造成的损失为6 324万元,对固定资产造成的损失为 3.68 亿元,对人体健康造成的损失为 18.99 亿元,水环境质量损失为 1.16 亿元。污染型缺水给重庆市造成的经济损失为 19 亿元,占全市国民生产总值的 1.2%。而国家环保总局 2002 年 12 月 29 日公布的调查表明,西部每年因生态环境破坏所造成的直接经济损失达1 500亿元,占到当地同期国内生产总值的 13%。但是,传统上的认识是商品价值决定于生产该商品所耗费的社会必要劳动时间,没有投入劳动的物或者不能交易的物,本身没有价值,因而天然的自然资源和生态环境没有价值。

伴随着这一不科学的认识,在我国形成一种被扭曲的怪现象“自然资源和生态环境无价,原料低价”,从而导致了资源的无偿占有、掠夺性开发,资源损毁,生态破坏,环境恶化。特别是对那些功能性的资源(包括部分物质性资源),传统上认为是丰富的、免费的、可更新的自然要素,在利用上就不加节制,超过了这类资源在容量和数量上的可允许的限度,从而造成资源基石——生态系统功能上的整体退化;反过来,又削弱了自然资源的更新能力,使其不能持续地被人们所利用。这类资源更新并非是纯自然的过程,人们既能将利用率保持在自然更新的能力之下,又可将这种能力人为地提高到一定的水平。如果两者之间没有达到平衡，则"可更新资源"（包括环境承载力）的利用与"不可更新资源"的利用就没有什么区别，资源短缺终将来临。

另外，我国现行的衡量国民经济增长的主要指标是国民生产总值（GDP），它包括工农业生产的全部产品和服务的价值，计算了固定资产的折旧，却没有包括自然资源损耗价值和生态环境恶化造成的经济损失。因此，在经济指标的背后，伴随着资源损毁、生态破坏、环境恶化。"经济繁荣"的同时，作为支持经济持续发展重要条件的资源基础正在不断削弱，需要统一的协调机制。

虽然自 20 世纪 80 年代以来，我国制定了一系列的保护自然资源和环境的法律法规，对抑制生态退化的趋势发挥了重要作用。但这些法律法规在内容上存在一定的空白、交叉重叠、矛盾冲突的地方，如《森林法》规定了森林采伐量的控制措施，却没有规定大面积森林的生态环境影响评价和防治措施。对于某些自然资源的保护，如湿地、旅游资源等，我国目前尚缺专门的法律、法规和管理条例。特别是对于自然资源保护与开发的适宜度，从学术界到管理层，因出发点、角度和部门利益的差异，尚存在有不同的看法，使得环境影响评价报告书从编制到审批都缺乏科学的可操作的程序和依据。再如渔业主管部门，既要负责水产资源的保护，又要负责管理渔业生产，考核渔获量，这种行政权和经营权笼统重叠造成的直接后果是自然资源不能合理、有效地配置。自然资源开发利用服从计划性指令，而不是根据自然资源的实际分布情况和生态环境状况进行运作，致使自然资源浪费严重，生态破坏剧烈，缺乏统一的协调机制。

2.经济盲目扩张与人口膨胀对自然资源造成了巨大的压力

自然资源的短缺和生态恶化一般是由于资源的过度开发和低效率利用造成的。目前，我国的工业污染和与能源相关的污染、商业性开采造成森林大量砍伐和水资源的过度使用，都是经济盲目扩张的结果，而这种扩张没有考虑到自然资源的稀缺性和环境的价值。20 世纪 50 年代的增长热就是以资源的破坏为代价，为了达到经济高速增长的目的，而不惜以牺牲环境为代价。经济的高速发展固然可以使我国走向一个高度发达的工业化时代，但是盲目的经济扩张和不合理的发展模式却大大加剧了耕地、淡水、森林和矿产等的消耗，人类赖以生存和发展的环境受到了十分严重的破坏。

另外，人口的迅速增长通常是环境遭到破坏的一个重要原因。目前我国的人口数量已达 13 亿人，这对自然资源产生了巨大压力，对环境造成了严重损害，包括森林面积不断减少，水土流失范围越来越大，水资源严重短缺，生物多样性受到破坏等。显然，由于人口增长而在资源和环境方面付出的代价是十分巨大的。而无论经济是否发展，人口的迅速增长都会使我们更加难以解决众多的资源和环境问题。首先，迅速增加的人口会导致对资源的过度需求，而传统的资源管理制度又不可能迅速适应防止过度利用资源的需要。其次，人口增长增加了对基础设施和生活必需品以及就业的需求。如果人口急剧增加的局面不改变，增加的需求将进一步加剧对环境的破坏，进而将对自然资源施加额外的直接压力。

3.可持续利用自然资源的一般性原则

(1)未坚持资源开发与节约相结合。由于我国生产技术比较落后，设备陈旧，管理不善，资金短缺，资源性产品价格偏低，资源管理体制和政策又不够健全，从而导致资源利用率不高，浪费比较严重。据统计，我国能源浪费每年至少在 1 000 万吨标准煤以上，此外，水土资源的浪费也极为严重。因此，资源节约潜力很大。节约不仅有利于资源保护，又比开发节省投资，周期短而见效快，应作为资源持续利用中期的重点。资源开发投资大、周期长、成本高，应作为中长期的发展重点。当然，开源与节流是互为依存的，开源是节流的前提，节流是开源的继续，要根据不同资源、不同条件确定其侧重点。

(2)经济效益与生态效益不相统一。自然资源的开发利用首先应讲究经济效益，没有经济效益，各项活动将丧失动力，社会经济的发展也将成为一句空话。与此同时，自然资源开发利用还应讲究生态环境效益，如果片面追求暂时的经济效益，而忽视对资源的合理利用与保护，必将损害资源与环境，破坏生态，而恶劣的生态环境反过来又会抑制经济发展。任何发展都离不开资源和环境基础的支撑，随着资源的日益枯竭与环境的日益恶化，这种支撑会变得越来越薄弱和有限。因此，经济越是高速发展，越要加强资源与环境的保护，以获得长期持久的支持能力，实现我国社会经济的可持续发展。

(3)对可再生资源没有实行合理规范、永续利用。可再生资源在被开发利用后虽然能够自我再生、恢复或净化，但是其再生、恢复或净化的能力是有限的，受到各种自然因素乃至人为因素的制约。为使这类资源永续利用，对其开发利用的规模、速度等就应合理规范，不能让开发利用的规模、速度等超过其再生、恢复或净化能力。

(4)对不可再生资源没有实行节约、限制和综合利用。不可再生资源犹如一个初始量给定且只能流出不能流入的水池，随着社会的不断利用，其储量会逐渐下降，并最终趋于枯竭。因而对这类资源只能本着节约、限制与综合利用的原则。

总之，各类自然资源是互相制约、互相联系、不可分割的综合体，人类活动对其中一种资源的改变，都会影响其他几种资源，如破坏了森林、草地就会影响径流，冲刷土地，影响对气候的调节，进而影响整个生态环境。人口和资源是一对矛盾，只有合理有序地开发利用自然资源，才能缓和人与自然之间的矛盾，实现生态平衡和资源可持续利用。

四、学习巩固

1. 分析如何科学地利用草地资源？

2. 综合以前有关农业资源的学习，分析我国自然资源开发利用存在的问题。

本项目评价反馈

一、自我评价

1. 为了种质、森林和草地资源的学习任务，你都做了哪些准备？

(1)查找了哪些资料？

(2)你有哪些看法？

2. 运用所学的知识，分析你熟悉的种质、森林和草地资源的实例，体会种质、森林和草地资源保护和有效利用上的意义。

3. 通过自学、讨论和调研，你有什么收获？

二、小组评价

从学习态度、学习方法、团队合作和学习能力的提升等方面评价。

序号	评价项目	评价情况
1	与其他同学口头交流学习内容是否流畅	
2	是否尊重他人	
3	学习态度是否积极主动	
4	是否服从教师的教学安排	
5	是否能保持学习环境的干净整洁	
6	是否遵守学习场所的规章制度	
7	是否达到全勤	
8	团队学习中主动与合作的情况如何	

参与评价的同学签名______________________

三、综合评价

1. 教师评价

(1)对整个学习内容的小结归纳；

(2)对学习过程的总体评价。

教师签名________________

2. 学生评价

(1)对教师授课效果的评价；

(2)对学习效果的评价。

学生签名________________

模块二

农业资源利用及可持续发展

项目五　农业资源利用、管理与集约化生产

【项目目标】

完成本项目学习任务后，你应该能：

1.认知农业资源利用、管理的要求。

2.熟知农业资源利用与管理的措施。

3.掌握农业集约化生产的主要方式。

【项目任务描述】

本项目分为认知农业资源利用管理的要求、熟知农业资源利用与管理的措施、掌握农业集约化生产的主要方式3个任务。通过本项目各任务的操作与学习，能让学员认知农业资源利用管理的原则、要求、措施及掌握农业集约化生产的主要措施等，增强学员对本项目工作任务的学习兴趣，培养查阅资料、观察分析、掌握农业资源利用管理的措施与农业集约化生产的主要方式等能胜任岗位工作的职业素质。

任务一　认知农业资源利用管理的要求

一、学习准备

(一)知识准备

农业资源管理是指管理者在资源承载力的允许下，以资源科学理论为基础，对利用和保护农业资源的人类活动所进行的组织、指挥、监督和协调等一系列过程。其目的是运用行政、法律、经济、教育和技术手段，对危害和破坏农业资源的人为活动进行监督和控制，协调经济发展与资源利用、环境保护之间的关系，从而减少农

业资源利用的不确定性，促进资源利用的公平性，维护区域可持续发展。高效、合理地管理利用农业资源是当前我国生态环境严重恶化形势下的必然选择，一方面是保护资源、改善生态环境的需求；另一方面也是农业现代化的客观要求，还是解决人口增长与人均资源不断减少这一矛盾的重要途径。

1.农业资源管理的基本要求

一是要贯彻国家和地方的资源保护利用方针、政策、条例、规划与计划；二是要合理开发利用农业自然资源与废物资源，提高资源利用效率，减少环境污染与破坏，维护生态环境的良性循环；三是要创建一个清洁、优美、健全、高效的农业生态系统和优质、高产、低耗、持续的农业生产系统，以获得最佳效益；四是要开展资源科学研究，资源监测与资源教育，普及资源科学知识，为农业资源的开发利用服务。

2.合理利用农业资源的原则

(1)因地制宜与因时制宜相结合。我国自然资源时空分布形成了严格的区域性和时间节律性。因此，在农业资源的合理利用中，要注意遵循因地制宜、因时制宜的原则：一方面要注意不同作物、畜禽、林木、水生生物等都对其生长发育环境有特殊要求；另一方面要充分利用资源的有利条件，发挥其生产潜力，做到宜农则农、宜牧则牧、宜渔则渔，并根据资源的供应量，合理组配农业生物种群和种群密度。

(2)资源利用与资源保护相结合。资源利用与资源保护是相互联系又相互制约的，必须做到合理开发利用与加强资源保护相结合。在开发利用时注意保护，在保护的前提下合理开发利用。自然资源的合理开发利用和保护，应当根据不同的资源类型和特点，制定相应的利用和保护计划。可更新资源的利用首先要考虑资源的再生能力，开发利用的强度不应超过资源的再生能力。不可更新资源的利用，要确定储采比，合理调节有限资源的耗竭速度，提高资源的回收率和综合利用率，延长资源的使用年限。

(3)资源利用与资源节约相结合。节约资源不仅有利于资源保护，而且具有比开发利用投资少、周期短、见效快等特点。一方面，要注意节约使用资源；另一方面，也要注意资源的开源与节流相结合。对于某一现实的农业生态系统，开元的途径是多方面的，通过资源引进、低值资源的利用、替代资源的开发、废物资源化等途径，拓展系统的资源流通量，提高农业生态系统的功能。

(4)综合开发与综合利用相结合。这是由资源本身具有的多用性特性决定的，对多用性资源要进行综合开发，实现资源的多层次、多途径利用，以提高资源的利用效益。如水库的主体功能是农业灌溉，若开发为由旅游、养殖、灌溉、水力发电等项目组成的综合利用系统，则系统的效益更高。由此可见，综合开发、综合利用资源，形成良性循环的多层次、多途径综合生产系统，不仅可充分发掘资源的生产潜力，还能大大提高农业生态系统的效益。

(二)资料准备

1. 图书馆或资料室

利用图书馆或资料室的书籍或报刊，查找有关农业资源利用与管理的信息资料。

2. 电脑、网络、新媒体

利用电脑上网或利用手机上 Wifi 等，查找有关农业资源利用与管理的信息资料。

3. 教师准备的资料单

关于农业资源利用与管理原则与要求的相关文章。

二、任务设计与实施

【任务设计】

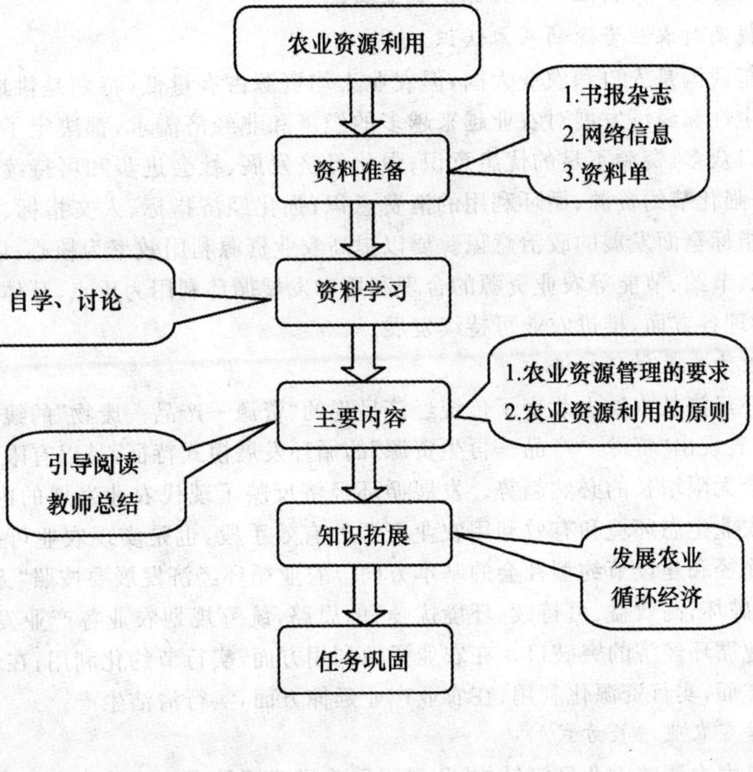

【任务实施】

(一)引导性阅读

随着工业化、城市化的进程加快,对各种资源,特别是土地、水、石油、煤等自然资源的需要将更加旺盛。国际经验表明,当人均 GDP 超过 1 000 美元后,经济社会发展将由生产型、温饱型向消费型、小康型转变,社会转型带来的必然结果就是各种自然资源的供需失衡和冲突。一个社会的开放程度越高,资源的流动会更加频繁,经济的高速增长必然会引发各种资源要素在更大区域范围内流动。因此,如何避免在工业化过程中继续实施高能耗、粗放经营的增长方式,如何克服在城市化过程中盲目攀比、追求奢侈、毫无节制地占用土地的发展模式,如何在现代农业的实现过程中,确保供给和获取经济效益与农业资源合理利用保护相协调,意义十分重大。正如 2002 年世界可持续发展首脑会议所强调的一样,经济增长、社会发展和环境保护是可持续发展的三大支柱,三者必须相互促进、相互协调。凸现农业对生态环境的维护功能,强调人与自然和谐发展。

(二)分析如何合理利用和保护农业资源

1.提高对农业资源的基本认识

尽管我国是人口和农业大国,但农业人均资源占有量低,特别是耕地、水资源的非再生性和经济发展对农业越来越多的经济和非经济需求,都决定了我们必须强化人口众多、资源不足的忧患意识;强化经济发展、社会进步和可持续发展的和谐意识;强化节约资源、循环利用的消费意识;强化经济指标、人文指标、资源指标和环境指标全面发展的政治意识。要以提高农业资源利用效率为核心,以节地、节水、节肥、节约、节能等农业资源的合理利用和发展循环利用为重点,从体制、政策、技术、管理各方面,推进农业可持续发展。

2.大力发展循环经济

循环经济从本质上改变了传统经济呈现的“资源—产品—废物”的线型增长方式特征,表现出“资源—产品—再生资源”的循环发展模式特征,是以有限资源支撑人类社会无限增长的必然趋势。发展循环经济反映了现代农业发展的内在要求,是保护农业生态环境和有效利用农业资源的有效手段,也是实现农业可持续发展的重要途径和建设节约型社会的基本方向。农业循环经济发展要按照“无害化、低排放、零破坏、高效益、可持续、环境优美”的思路,统筹规划农业各产业发展,找准我国农业循环经济的突破口。在农业资源利用方面,实行节约化利用;在农业废弃物处理方面,实行资源化利用;在农业产业延伸方面,实行清洁生产。

3.转变农业增长方式

一是大力调整农业经济结构,积极采取先进适用技术改造传统农业,转变低效率的农业增长方式；二是充分考虑不同区域的农业资源特征和资源禀赋，调整农业产业结构，优化区域经济布局，形成各具特色、整体协调的农业产业布局；三是利用价格、税收等经济杠杆，建设水资源等稀缺要素资源市场，通过市场优化配置资源，反映资源真实成本，让资源使用者和浪费者承担相应费用，付出合理的社会成本，从而减少资源浪费，避免环境被破坏。

4.做好农业资源开发利用规划

农业资源开发利用规划要以市场为导向，优化区域农业资源配置与开发布局，在确保粮食等主要农产品生产能力增长的同时，促进农林牧副渔全面发展；提高资源利用率，深度开发与广度开发相结合，实行山水田林路综合开发；坚持资源开发与保护整治相结合，力求使开发达到社会效益、经济效益和生态效益的统一。

农业资源开发利用规划一般要与国家宏观调控政策、产业政策相结合，要坚持合理开发利用农业自然资源与不断改善生态环境和农业抗灾能力相结合，做到有利于提高农业资源的生产力和劳动生产率，增强区域经济实力。同时还要坚持以近期规划为主，近期与远期相结合，遵循实事求是、因地制宜、突出重点、兼顾一般，确保规划的科学性、连续性和实践性。从而实现以下三个目标：一是把经济、社会、科技协调发展的资源利用目标扩展到经济、社会、科技与生态协调发展，以生态发展为基础，以经济发展为目的，科技发展为导向，构成生态经济统一的发展体系。二是把以产值为中心的区域发展目标转变为包括自然条件、环境质量、居民生活福利和人类健康等在内的综合性、多元化的发展目标；把人类对物质、文化的狭义需求，扩大到物质、文化和生态的需求。三是把自然资源利用的步骤、措施与环境保护和治理的步骤、措施结合起来，使之同步配套进行，而不是以破坏环境、滥耗资源，损害生态系统为代价取得经济的增长。

(三)任务实施与组织

(1)安排学生课前预习农业资源利用、管理的原则与要求等有关内容，在教师的指导下，通过多种信息渠道查询资料。

(2)实地调查研究，每个学员根据当地植物秸秆利用的现状及存在的问题，探讨秸秆综合利用的途径和发展建议。

(3)小组讨论，用集体的智慧完成一份较好的综合性“×××地区秸秆综合利用的途径和发展建议报告”。

(4)每组选一个代表，在全班讲解“×××地区秸秆综合利用的途径和发展建议报告”的形成、思路、学习收获，组员补充收获的内容。

(5)教师组织发动全班同学讨论、评价各小组的学习情况，达到全班同学共享学习资源和收获体会，巩固所学的知识内容。

三、学习拓展

加快转变农业发展方式,提高农业生态文明水平

2014年11月20—21日,国家发改委、农业部在安徽省阜阳市共同召开全国农业循环经济现场会。会议以贯彻落实国务院《循环经济发展战略及近期行动计划》为主要任务,总结、交流、推广农业循环经济典型经验,研究探讨发展农业循环经济的措施,加快转变农业发展方式,提高农业生态文明水平。

国家发改委副主任解振华在现场会上指出,农业是国民经济的基础,近年来,我国农业取得长足发展,满足了国民经济对农业的需求。但也要看到,我国农业基础十分薄弱,随着城镇化和工业化加快推进,我国农业面临的资源和环境问题更加凸显,农业可持续发展面临挑战。发展农业循环经济,是破解农业资源约束、转变农业发展方式、提高农业现代化水平的根本途径,有助于解决农村面源污染,改善农村环境,有助于增加农民收入,繁荣农村经济,意义十分重大。

解振华总结了几年来农业循环经济工作的有效模式,提出要进一步强化问题导向、总结经验,抓住重点环节全面推进,着力源头减量、推动节水、节地、减肥、减药,提高农业资源利用率;着力推动农业废弃物的资源化利用,加强畜禽粪污、林木废弃物、废旧农膜的回收利用,减少资源浪费和环境污染;着力强化产业系统集成,构建农业内部、农业与林业间、农业、工业、服务业间和区域的循环产业链,形成多功能大循环农业体系。

解振华指出,发展农业循环经济是一项系统工程,不仅要发挥市场对资源配置的决定性作用,也要求政府加强规划指导,完善政策机制。下一步,国家将加大对农业循环经济的支持力度,研究支持农业循环经济发展的措施。重点从强化规划指导、完善政策机制、开展示范工程、创新组织形式、强化技术标准、健全服务体系和加强培训推广等方面开展工作。解振华还专门强调了秸秆综合利用问题,对2015年秸秆综合利用工作进行了部署,要求确保实现"十二五"秸秆综合利用规划制定的秸秆综合利用目标任务。

农业部代表介绍了农业部门推动循环经济发展的进展情况和存在的突出问题,下一步将重点抓好节约型农业、农业产业链条延伸、废弃物资源化利用和农业资源保护与利用等工作,把农业循环经济抓实、抓好。安徽省阜南县、江苏发改委等单位在大会上做了典型发言。会议还就《关于加快发展农业循环经济的意见(讨论稿)》和推进秸秆综合利用的政策措施等进行了深入交流和探讨。

(资料来源:http://www.sdpc.gov.cn/gzdt/201411/t20141121_648711.html)

四、任务巩固

1. 我国农业资源利用与管理存在的问题分析。

2. 总结发展农业循环经济的意义、内涵和实现途径。

任务二 熟知农业资源利用与管理的措施

一、学习准备

(一)知识准备

农业资源利用与管理的手段包括经济、行政、法律、技术和教育等五个方面。

1. 农业资源利用与管理的经济手段

经济手段分为刺激性和强制性两大类型。减税、补偿、信贷等属于刺激性手段;赔偿、罚款、征收排污费等属于强制性手段。其特点是:

(1)经济手段可以为有关当事人提供持续的刺激作用,可以促进资源的深度开发、无污染产品的开发,提高资源的利用效率。

(2)经济手段可以为政府和生产者提供管理上和执行政策上的灵活性。

(3)经济手段可以起到为后代人保护资源和环境的目的。

(4)经济手段可以为政府提供一定的财政收入。

经济手段的局限性在于一般情况下,只能起到暂时的、有限的作用,其长远的稳定的效果差。

2. 农业资源利用与管理的行政手段

所谓行政手段,是指依靠行政组织的权威,以鲜明的权威和服从为前提,按照行政系统隶属关系来行使管理职能,实现农业资源的合理利用与保护的手段。根本特征是依靠权威,用强制的手段,直接指挥下级的资源管理活动。其意义也在于集中、高效地实施农业资源的开发利用和保护。但同时也要注意,片面使用行政手段将不利于人们正常经济利益的获取,会使群众的工作积极性和创造性受到一定的压抑。

我国通常采用的行政手段主要包括制定国家和地方各级政府加强资源开发利用与保护的政策;建立各级农业资源利用与保护目标责任制,把节约资源、保护资源各项指标同行政领导的政绩结合起来;运用行政权力对资源滥用单位、所排废物量大单位采取限期整改；建立农业自然资源与废物资源市场并进行管理。

3.农业资源利用与管理的法律手段

与资源关联的法律体系包括：宪法关于自然资源的规定；有关法律中关于资源合理利用的法律规定；综合资源法；部门或单项资源法；专业性资源法；地域性资源法规；资源管理结构组织法；处理资源纠纷案件的程序法规；有关资源规定的行政法规和规章；地方性资源法规和规章。

与发达国家的自然资源法相比，中国自然资源立法尚处于探索阶段，资源法律体系还很不成熟，存在的问题：一是对资源法的体系化发展趋势认识不足，缺乏资源立法的整体思想和总体规划；二是由于缺少有效的配套法律、法规，资源法的实际可操作性较差；三是资源立法目的不明确，特别是自然资源行业法和专项自然资源法中缺乏保护自然资源的明确法律制度。

因此，必须树立中国资源法体系化观念，和整体发展意识，并建立以自然资源的保护为重心的资源法律体系。同时要实行实体法、程序法并重，国家立法和地区立法并举的立法策略，切实加强资源法的配套法律、法规建设。

4.农业资源利用与管理的技术手段

资源利用与管理技术：人类开发利用、保护自然资源在物质资料生产中所使用的各种物质手段、意识手段和信息手段的总称。包括机械技术、物理技术、化学技术、生物技术、信息技术等。

应该看到，技术进步是资源合理开发利用的关键因素。因此，资源利用与保护科学研究必须先行，通过建立健全技术推广体系，加速对现有科研成果的推广应用，并以不断提高的劳动者文化素质，普及的科学技术知识，确保技术手段的综合运用。

5.农业资源利用与管理的教育手段

农业资源利用与管理的教育手段是经济手段、法律手段、行政手段与技术手段的有力补充，是将农业资源利用的被动管理转为主动管理的有力措施。资源教育可以从两个维度展开，一是面向公众的资源教育，包括抑制过度消费方面的教育、资源意识教育、资源道德教育、资源利用与保护法律教育等；二是面向资源专业的中高等院校在校生的专业教育。前者是要在全社会普及资源法律知识与资源基础知识，提高全民族的资源意识，后者则是结合资源利用、保护的需要，培养德才兼备的专业人才。

(二)资料准备

1.图书馆或资料室

利用图书馆或资料室的书籍或报刊，查找有关农业资源利用与管理措施的信息资料。

2. 电脑、网络、新媒体

利用电脑上网或利用手机上 Wifi 等，查找有关农业资源利用与管理措施的信息资料。

3. 教师准备的资料单

关于农业资源利用与管理措施的相关文章。

二、任务设计与实施

【任务设计】

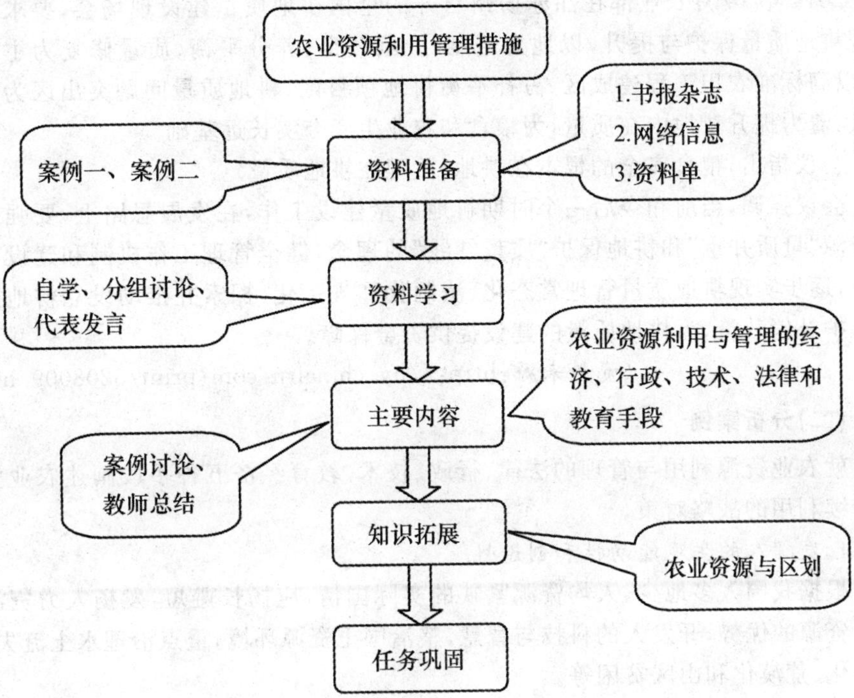

【任务实施】

(一)导入案例

【案例一】

新疆维吾尔自治区乌苏市莫建新等8人非法开垦草原案

莫建新等8人于2013年8月在乌苏市西大沟镇下店村实施非法开垦草原行为。经乌苏市草原监理站立案调查，莫建新等8人共非法开垦草原2 950.7亩，其行为已涉嫌构成犯罪。乌苏市草原监理站将此案移送市公安局处理。2014 年 2 月 18 日，乌苏市人民法院以非法占用农用地罪判处被告人莫建新、马德成有期徒刑三年，缓刑五年，处罚金二万元；判处被告人田彦财有期徒刑三年，缓刑四年，处罚金二万元。判处被告人铁彦军有期徒刑二年，缓刑二年零六个月，处罚金一万元；判处被告人马如云有期徒刑二年，缓刑三年，处罚金一万元；判处被告人海军有期徒刑二年，缓刑二年零六个月，处罚金一万元；判处被告人张俊岐、王汝功罚金各五千元。

（资料来源：http://www.moa.gov.cn/zwllm/zwdt/201502/t20150225_4415879.htm）

【案例二】

2014 年 10 月农业部在江苏扬州召开的全国耕地质量建设现场会，要求大力推进耕地质量保护与提升，以地力培肥、土壤改良、养分平衡、质量修复为主要内容，以高标准农田工程建成区、占补平衡耕地项目区、耕地质量问题突出区为实施重点，着力提升耕地内在质量，为粮食和农业生产夯实长远基础。

会议指出，粮食安全的根本在耕地、关键在耕地质量。

会议强调，当前和今后一个时期耕地质量建设工作，在发展思路上，要强化耕地资源“量质并重”和耕地保护“质量红线”的理念，健全管理工作机制和建设补偿机制，逐步实现耕地质量管理常态化、法制化和规范化，探索并推动设立耕地建设和保护补偿政策，为耕地质量的建设提供资金保障。

（资料来源：http://ny.chinairn.com/print/3208009.html）

（二）分析案例

就农业资源利用与管理的法律、行政、技术、教育经济五种手段阐述农业资源可持续利用的战略对策。

1.发挥人的主观能动性和创造性

根据我国人多地少、人均资源紧缺的实际国情，应扬长避短，发扬人力资源等社会资源的优势，开发人的科技与智慧，整治国土资源环境，重点治理水土流失、土地退化、荒漠化和山区贫困等。

2.缓解资源稀缺性问题

（1）实行技术革新与技术进步，推动自然资源储量的新发现和利用规模与效益的提高，用新技术促进资源集约、合理开发利用，促进生产过程中以量多、价廉资源替代量少、价昂资源的多种资源相互替代，推动资源利用和生产规模的扩大，提高规模效益。

（2）面对当前农产品的国际竞争，实行“两种资源、两个市场”战略。依据比较利益原则，发展适应世界市场需求、适销对路、科技含量高、质优价廉的本国优势产品和产业，实行专业化、集约化、规模化、现代化生产，以提高我国资源总体利用水平和效益。

(3)推进资源重复利用、综合利用,提高农业综合开发水平。为适应今后农业发展阶段性变化,在农业资源综合开发利用上要相应实行以下两个转变:①由以改造中低产田和开垦宜农荒地相结合,转到改造中低产田为主,尽量少开荒或不开荒,把提高农业综合生产力与保护生态环境结合起来;②由以增加农产品产量为主,转到积极调整结构,依靠科技进步,发展优质高产高效农业上来。

(4)运用科技、经济手段扩展各种农业自然资源内涵和外延的利用。如开发有生态经济价值的"四荒"资源和滩涂资源、山区林牧业资源,以及有现实条件和需要,并有远景战略意义的海洋农业资源、沙漠农业资源等,用以扩大稀缺性大的耕地、水资源的可替代率。

3.节约和集约利用稀缺资源

在当今资源日趋短缺和非持续利用的形势下,自然资源的有限性和一切资源的稀缺性已成为资源的永恒属性,而作为经济范畴的资源稀缺性,已被资源经济学定义为"竞争性的市场上任何一种价格大于零的商品都是稀缺的",即任何一种资源都是有价值的,必须实行有价、有偿使用,才能缓解资源稀缺性的问题。

因此,除上述运用技术、经济手段寻求、开发新资源和替代资源外,还必须实行由粗放低效利用向以知识科技密集型为主要标志的集约高效利用的根本转变,而不能停留在劳动密集型低效利用上;并建立完善的资源产权制度和资源有价、有偿使用制度,资源价值核算与价格管理体制,实行资源可持续利用管理,以达到节约和有效持续利用资源的目的。

4.发展高效生态农业或"集约持续农业"

要在保护和改善资源、环境条件的基础上,实现资源节约和集约高效利用,以取得最佳经济、社会和生态综合效益,保证资源永续利用和经济社会可持续发展。

5.深化农业资源区划工作

为加强国土资源持续利用,促进全国经济社会可持续发展,应在全国生态环境建设规划和农业与农村可持续发展("SARD")试验研究的基础上,充分利用已有研究成果,有重点地深入开展国土资源整治和生态环境区划与农业可持续发展区域规划,为分区建设农田保护区和建设大型优质粮棉、饲料、果蔬生产基地,发展节水农业等资源利用模式和生态农业模式提供科学依据,从而推动全国资源利用和生态环境建设,加快农业和经济社会可持续发展。

(三)任务实施与组织

(1)安排学生课前预习农业资源利用与管理的措施等有关内容,在教师的指导下,通过多种信息渠道查询农业资源利用与管理的措施有关资料。

(2)每个学员在汇总查找的相关资料基础及实地调查研究的基础上,搜集整理发生在本地区的违法占用农业资源的案例，分析其发生的诱因及危害，提出预防和制止违法占用农业资源的调查报告。

(3)小组讨论，用集体的智慧完成一份较好的“×××地区农业资源利用与管理现状与对策的调查报告”。

(4)每组选一个代表，在全班讲解小组“×××地区农业资源利用与管理现状与对策的调查报告”的形成、思路、学习收获，组员补充收获的内容。

(5)教师组织发动全班同学讨论、评价各小组的学习情况，达到全班同学共享学习资源和收获体会，巩固所学的知识内容。

三、学习拓展

农业资源与农业区划

农业区划始终被列为国家长期研究的重要任务，先后开展了三次大规模的全国性的农业区划工作，在查清农业资源家底、合理利用资源、监测资源动态、保护农业资源，挖掘农业生产潜力，合理布局与配置农业资源，提高农业综合生产力，保障我国的粮食供给与食物安全，促进农业和农村持续发展等起到了很大作用。

农业生产具有强烈的地域性，地区差异十分明显，按区内相似性和区间差异性来划分农业区，可因地制宜地规划和指导农业生产，实现合理的农业地域分工。农业区划的内容体系，一般包括四个方面：

(1)农业资源条件区划。包括农业气候、地貌、土壤、水文、植被、自然生态等区划。对发展农业生产的自然条件和社会经济条件，按照它们的地区分布规律划分区域或类型区，评价其对农业生产的有利和不利影响，研究提出因地制宜、合理利用和保护农业资源、改善或充分发挥农业生产条件。

(2)农业部门区划。包括农、林、牧、渔各生产部门和各主要作物的区划。分析农、林、牧、渔业各个部门和主要农作物、林种、畜种、鱼种对自然条件的适应性及对社会经济技术条件的要求，并从国民经济发展需要和经济效果考虑，按照综合农业区划分区体系，分区提出合理调整生产结构和布局。

(3)农业技术改造区划。包括农业机械化区划、农业水利化区划和化肥、土壤改良、农作物品种、植物保护、农村能源等区划。就发展农业水利化、机械化、化学化、农村能源、土壤改良、植物保护等，分别分析其特定的有关条件，按生产发展的需要和可能划分区域。

(4)综合农业区划。是整个农业区划的主体和核心。四类区划称为农业区划的横向体系。在全国范围内进行的叫全国农业区划，在省(自治区、直辖市)、地

(市)、县范围内进行的叫省级或地(市)级、县区划。这种分级开展的农业区划被称为农业区划的纵向体系。下级区划是上级区划的基础,上级区划对下级区划起指导作用,上下协调,相辅相成。

划分区划要以自然资源调查为基础,摸清资源的分布、数量和质量,密切联系社会经济、技术条件进行综合分析,查明农业地域分异的规律,进行农业区域划分,为不同地区合理开发利用自然资源,因地制宜规划和指导农业生产提供科学依据。

四、任务巩固

1. 阐述农业资源可持续利用的战略对策。
2. 农业区划的内容体系一般包括哪些内容?

任务三 掌握农业集约化生产的主要方式

一、学习准备

(一)知识准备

"农业集约化生产"是农业中的一种经营方式,是把一定数量的劳动力和生产资料,集中投入较少的土地上,采用集约经营方式进行生产的农业。同粗放农业相对应,在一定面积的土地上投入较多的生产资料和劳动,通过应用先进的农业技术措施来增加农业品产量和提高农产品质量的农业,也称"集约农业"。

实行农业集约化经营是一个长期的过程,也是一个长期的战略。实施这一战略是形势所迫,大势所趋。应该从实际出发,由目前劳动集约为主向适度的劳动集约、适度的资金集约、适度的技术集约有机结合的方向发展,使劳动力、科学技术、物质技术装备等生产力要素,互相联系、互相渗透、互相促进,从而提高农业的综合效益。

为此,必须从以下几方面予以加强:加强农业基础建设,稳定农业自身基础;扩大复种指数,提高资源单位产量;搞好物质装备,广泛应用现代科技;加大投入力度,改变投入机制;大力发展精品农业,扩大市场占有量;加大农业保险投入,建立风险损失补偿体系;加强信息服务,减少集约经营中的损失;发展职业教育和成人教育,提高农民文化素质。不同的地区可以有以下一些集约方式:

1. 合作社式

在粮食作物产区和经济落后地区,如果希望通过集约的方式使农业获得较大发展,可以采取合作组织的方式。

比如,在一个村子里,凡是自愿参加粮食生产合作组织的,可以以土地作为加入组织的基本物质基础,在村子周围集中划出一片以供使用。

因为同一地方,在同一季节,种植的作物基本相同,这为实现基本集约创造了条件。大家在播种前,可以大量购买种子,耕种期间、施肥、喷药季节,可以大量购买化肥、农药、柴油等物品,由于购买量大,可以直接从厂家或者批销商处购买,这样可以比单独种植的农户少付很多钱,节约了生产资料成本。如果本来有 10 户,在种植时,10 户的农机都得使用,现在可以只使用一部分就能完成以前的劳动量,甚至还可以将其中一部分变卖换取小型联合收割机等其他农具,这样也可以节约人力的成本。在收获的季节,组织的农户可以根据参加组织的土地份额确定分配成果。

在粮食作物产区和经济落后地区,主要种植作物是粮食,而且品种比较单一,需要的机械工具不但较少也很初级,所以此种合作组织较为适合。

2.股份公司式

在经济作物产区或者经济发达地区,可以采取股份制公司的方式进行农业集约。股东可以是个人,也可以是小型合作组织。一个村庄可以组织为几个公司甚至一个公司,用公司化的操作方式来经营农村。

农户可以以资金和土地、劳力入股,按照协议确定股份,由全体股东大会决定土地的种植内容。

由于经济比较发达,或者是经营比较复杂的经济作物,农户需要进行精细的农业生产操作,这对农具和农民的个人素质要求都比较高,需要投入的资金也比较大,采用股份制的方式可以较好地协调好生产资金的支配和生产过程的监控,而且在生产的结束期,可以有更深的农产品加工或者销售,这也需要更复杂的管理方式,不是简单的合作组织就可以协调。所以,在经济作物产区或者经济发达地区,可以采用更为严格、现代化的股份制公司管理模式。

3.经营联合体式

由一个龙头企业和整个村庄或者一片村庄的农户结合成一个集约体进行农业生产。

比如,在江苏北部一些地方,当地有一个大型的豆奶生产基地。周围的农民根据公司的需要,进行了大量的奶牛养殖和大豆种植。企业每年从农民手中购买这些产品,还经常派技术员指导农民种植和生产,农民则从这里得到比较丰厚的经济回报。

农民因为大量种植或者养殖,生产资料的单位成本降低,相对效益增高,公司也因为有大面积的可靠的原材料基地而使业务保持很好的运转状态。双方因此结合为比较紧密的合作伙伴,在合作中双赢。

像此类的集约方式，还有大型批发市场这样的带动方式。比如在山东寿光一带，由于当地形成了全国影响的大型蔬菜批发市场，周围的农民纷纷进行蔬菜种植，也形成了和上述豆奶基地模式相同的效应。

(二)资料准备

1. 图书馆或资料室

利用图书馆或资料室的书籍或报刊，查找有关农业集约化生产的主要方式和主要措施的信息资料。

2. 电脑、网络、新媒体

利用电脑上网或利用手机上 Wifi 等，查找有关农业集约化生产的主要方式和主要措施的信息资料。

3. 教师准备的资料单

关于农业集约化生产的主要方式和主要措施的相关文章。

二、任务设计与实施

【任务设计】

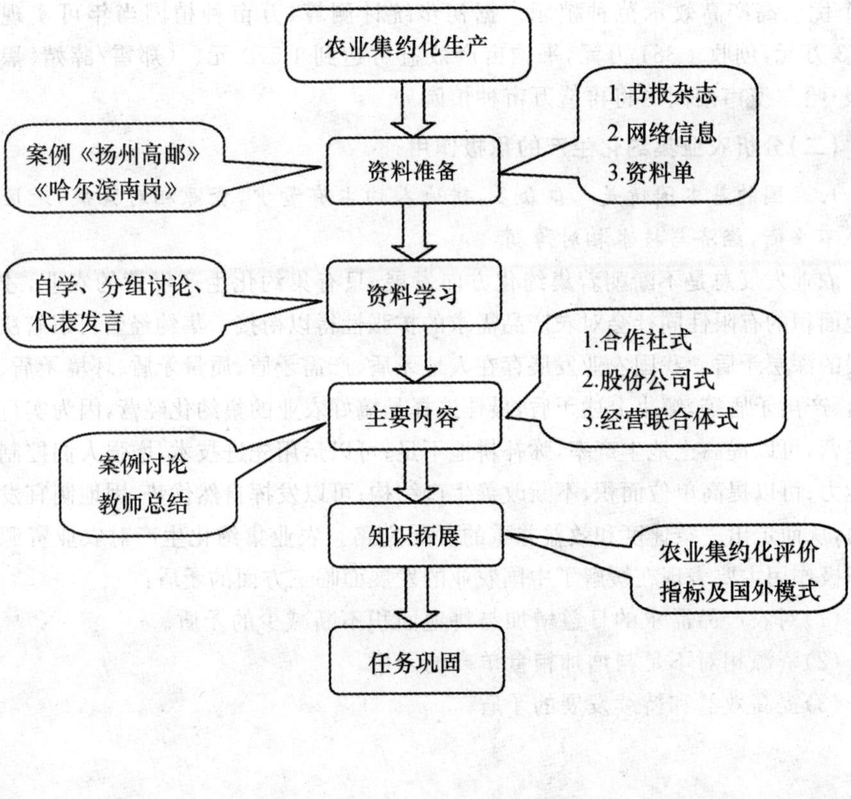

【任务实施】

(一)导入案例

【案例一】

扬州的高邮市高邮镇，有农业用地4万亩，当地群众在此基础上，创办了蔬菜、水果、养殖等8大农业生产基地，还办起了20个外向型农业企业、205个民营农业企业。农业年产值达4亿多元，农业产品出口额1 300多万美元。农业集体经济不断得到发展壮大，实现纯收入超过千万元以上的有18个村，现代农业得到稳步发展。

（扬州市政府网《扬州市上榜乡镇发展之路》）

【案例二】

2004年初，在黑龙江省，哈尔滨市南岗区通过“政府扶持、科技依托、企业经营、农民参与”的方式，一次性实现了11 000亩耕地的合理流转，形成相对集中连片的万亩集约化、规模化、标准化种植园。万亩种植园共吸引16家企业参与经营，应用标准化机械化播种、立体高效栽培、节水灌溉、生物有机施肥、气象监测、自动化控制等先进适用技术30余项，引进名优品种近百种，建立了玉丰米菇园、原野中药材园、菁菁有机米薯园、联丰优质牧草园、绿山川和龙宝绿色蔬菜出口创汇园等18个优质高产高效示范种植园。据初步统计测算，万亩种植园当年可实现产值3 413万元，创收1 381万元，平均亩产效益可达到1 570元。（郑雷/薛婧《黑龙江日报·哈尔滨市南岗区将再造万亩种植园》）

(二)分析农业集约化生产的积极作用

1. 我国的基本国情是人口众多，耕地人均占有量少，资源相对紧缺，地区间发展也不平衡，经济与技术相对薄弱

农业发展总是不断朝着集约化方向发展，只有集约化生产经营的农业，才能使土地面积的有限性同社会对农产品需求的扩张性得以衔接。集约经营可以解决农业发展的深层矛盾。我国农业发展存在人地矛盾、产需矛盾、质量矛盾、环境矛盾、效益矛盾、产出矛盾等，解决上述矛盾，最佳选择是搞好农业的集约化经营，因为实行集约化经营，可以提高土地生产率，弥补耕地不足；可以运用先进技术，增强人们控制自然的能力；可以提高单位面积，不断改善生产结构；可以发挥自然优势，因地制宜发展生产力，从而走出一条速度和效益并重的发展之路。农业集约化生产对农业资源利用的积极作用主要表现在缓解了中国农业的发展面临三方面的矛盾：

(1)对农产品需求的日益增加与耕地面积不断减少的矛盾。

(2)资源相对不足与增加粮食单产的矛盾。

(3)提高效益和持续发展的矛盾。

2.各地的集约经营发展显示出强大的生命力，并把推进集约绎营作为经济发展最大的增长点和深化农村改革的突破口，收到了良好的效果

(1)拓宽了视野，增强了农业发展信心，整个农村经济生机勃勃。

(2)创造了一批特色产品，为当地农民脱贫致富闯出一条新路。

(3)涌现了一批“龙头企业”，带动周边地区经济的发展。

(4)形成了一批主导产业，增加了农民的收入。

(5)活跃了城乡市场，满足了人民生活之需。

3.全国各地经济发展的不平衡

这种不平衡还将在长期存在下去，导致各地的生产力发展水平也不尽相同，经济发达地区和落后地区集约化的基础也不同，各地可以因地制宜发展适合自己的集约方式。

例如，案例一中在长三角地区扬州的高邮市高邮镇，有很好的工业化基础，因为有些人长期出去打工，家中地无人照料，而将土地转包给他人，有一些愿意种植更多土地的农民这时候就可以得到更多的土地来使用，在一定程度上具备了集约的条件，他们可以种植更多的作物，而且由于土地多，需要化肥、农机等物品也多，在购买的时候可以以批发价得到这些产品，无形中降低了生产成本，使他们的相对收益变得更大。

4.农业集约化是发展现代农业的必由之路

小农经济确实已经走到头了，农业的未来在于集约化经营。几千年来，中国社会就在大部分自耕农逐渐变为雇农，最后沦入赤贫而揭竿造反，中国的几千年封建社会几乎就是在农民起义的圈子内循环。在世界范围内考察，农村只有到了资本主义条件时代，集中到少数人手中的土地，借助于现代技术和工具的使用，逐渐走上集约化经营的道路而发展出现代化的农业。到了社会主义国家，国家借着对所有的资源的占有和分配权力，完全可以将现有的资源重新协调分配，利用集约的优势将困扰中国几千年的农民起义循环打破。

新中国成立后进行的土地改造、合作化运动、人民公社运动，实际上就是在寻找一个农村生产力如何才能迅速提高的途径，只是当时的良好主观愿望和实际的生产力水平还有一定的距离，而且对农民的教育还没有达到目标，所以人民公社在20世纪80年代解体。但是那时候的改造运动实际上已经为今天的农村集约化革命打下了一些基础。如果中国采取资本主义社会的土地兼并方式，必然导致大批农民流离失所，涌入城市，导致出现更大的社会问题。中国实行的土地制度保证了不会出现大规模的土地兼并现象，但是这种数十年土地不变的政策也抑制了农业集约化的发展过程，导致了中国农村只能在小农经济层面上缓慢挪动，无法对国民

经济做出更大贡献。

从新中国成立的50多年的农村建设来看,农业经历了小农经济—集体经济—小农经济这个否定之否定的循环上升阶段,在生产力发展到现在的程度上后,它就要求再次进行否定之否定,从小农经济再进入集体经济时代。中央此时提出新农村建设这个宏伟战略,是已经看到生产力发展到了需要对生产关系进行变更的阶段,必须对农村的生产关系进行调整,以提升农村生产力水平,来适应农村现代化的要求。

农业集约化是农业现代化的必由之路。要实现农业现代化,必须优化配置农业资源,用现代化的技术进行生产,用现代化的管理手段进行管理。因此,农业现代化的过程,必然是农业集约化的过程。农业现代化对农业集约化提出高要求。农业现代化是个动态的概念,随着现代化水平的提高,对农业集约化水平要求也必然越来越高。科技的进步,使农业集约化水平提高变成可能并得以实现。

(三)任务实施与组织

(1)安排学生课前预习有关农业集约化生产的主要方式和主要措施的内容,在教师的指导下,通过多种信息渠道查询资料。关键词有:农业集约化生产、农业合作社、农业龙头企业等。

(2)每个学员在汇总查找的相关资料的基础上,走访调查三家以上农业合作组织,分析它们的运营模式、资源利用特征、存在的问题及解决问题的途径,

(3)每个学员根据所在村镇的农业生产实际,结合地方农业生产、加工、销售产业链,地方金融支持、税收支持的有关政策,编制一份成立农业合作社的可行性报告。

(4)小组讨论,通过头脑风暴法扩大学习成果,并集中集体智慧完成一份较好的“×××地区成立农业合作社的可行性报告”。

(5)每组选一个代表,在全班讲解小组“×××地区成立农业合作社的可行性报告”的形成思路、学习收获,组员补充收获的内容;教师组织发动全班同学讨论、评价各小组的学习情况,达到全班同学共享学习资源和收获体会,巩固所学的知识内容。

三、学习拓展

(一)农业集约化类型和评价指标

农业集约化类型包括以递增劳动力为主的劳动集约、以递增物化劳动为主的资金集约和以密集地采用先进技术为主的技术集约三种类型。在工业不很发达的

国家，由于工业无法向农业提供大量的物质技术装备，农业劳动力尚不能大量向城市工业转移，资金不足而农业劳动力十分充裕，一般以劳动集约为主。随着现代工业的发展和农业技术装备水平的提高，在单位面积土地上投入的生产资料日益增多，而投入活劳动量则相对地以至绝对地下降，集约经营类型就从劳动集约转向资金集约。20 世纪 70 年代以后，越来越多的新技术如微处理机、原子能和生物工程等应用于农业生产，知识、技术和信息越来越成为发展农业生产的重要因素，因而又促使资金集约向技术集约转化。

反映农业集约化程度或水平的指标有单项指标和综合指标两种。前者指单位面积耕地所占用的农具和机器的价值、电费、种子费、农药费，以及人工费等单项费用。后者则包括单位面积耕地摊得的占用资金额、固定资产额、固定资金和流动资金的综合费用等。但农业集约化程度的提高要能取得相应的经济效益才有意义，并非投入的资金、劳动或技术越多越好。反映经济效益的指标有：单位面积耕地上所获得的产量、产值、净产值和纯收入，以及单位投资所获得的产量、产值、净产值和纯收入等。

(二)实行农业集约化经营的条件

农业经营经历了由粗放到集约的发展过程，这首先是由于现代科学技术的产生。在传统技术条件下，虽然也有劳动集约的经营方式，但生产力的提高十分有限。许多地方不得不依靠扩大耕地面积，实行粗放经营来增加产量。现代科学技术和现代工业的发展，才使农业有可能获得越来越多的化肥、农药、农业机具和其他技术条件，从而为提高集约化水平提供了可能。其次，是由于宜垦荒地资源的减少。垦荒的投资效益降低，迫使人们转向集约经营。另外，实行集约经营还同社会经济制度的发展有密切联系。在资本主义社会，农业资本家可以通过集约经营提高农业生产率而降低农产品的个别价值，使更多的超过平均利润的额外利润转化为级差地租，从而同地主分享更多的剩余价值。近半个世纪来，经济发达国家的农业集约化已达到相当高的程度。以联邦德国为例，1950 年每个农业劳动力拥有的固定资产为 8 783 马克，至 1988 年提高到 249 355 马克，已大大高于制造业。但资本主义农业的集约化由于受土地私有制的障碍，只能在符合资本家追求利润的框框内进行。社会主义社会由于消灭了剥削制度，通过农业集约经营而增加的级差收入可以使社会和农业生产者都获得利益，从而为促进农业的集约化创造更有利的社会经济条件。

(三)国外集约农业的现状

1.荷兰的农业股份合作社

荷兰的农业高度集约化，在整个农业社会中，存在多层农业合作组织。这些组织成为荷兰农业的核心组成部分,可以为我们今天的新农村建设提供一些有益的参考。荷兰农业的特点有:实行民有民营性的股份合作社经营。荷兰农业股份合作社主要是加工和供销合作社、采购合作社、信贷和保险合作社等三种形式。无论农场规模大小,其主人均是一个或几个(股份)合作社的成员,以入股的方式参加合作社。该组织的性质是民有民营,即农民自己所有,农民自己经营。这种由农民自愿组织,自己管理自己,在国家区域规划和宏观指导下独立自主经营的农业股份合作社,在荷兰农业管理中起主导和中心作用。其所生产的农产品占全国农产品的60%,市场出售的牛奶90%来自农业股份合作社。在农民自己组织的股份合作社中,银行为农业提供的信贷资金占90%。

荷兰的农业股份合作社在社会流通中的作用特别重大,显得十分活跃。荷兰不少农业股份合作社都设有全国性、地区性与基层性三级组织,在基层叫俱乐部,如奶牛俱乐部、马铃薯俱乐部等。荷兰农业和园艺生产供给及销售合作社分别成为连接牛奶与园艺(蔬菜、花卉)产品的种(养)、加、供、销等各个环节的桥梁。

(数据来源:康增奎/李清《农业要向集约化经营发展》)

2.加拿大的集约农业

在地球的另一侧的农业大国加拿大也是农业高度发达的国家,是世界第七大粮食生产国。在农业生产总值中,种植业产值约占62%,畜牧业占38%。

1993年加拿大的粮食产量为5 224万t。若按人口平均,其粮食产量名列世界第二。1994年加拿大农业劳动力只有39.2万人,占全国劳动力总数的2.7%。

加拿大是典型的集约化农业国家,以大型家庭农场和高度发达的机械化相结合为特色。目前加拿大的农场总数约为25.4万个,绝大多数是家庭农场,平均规模300 hm^2。100 hm^2以下的小农场占农场总数的45%,500 hm^2以上的大型农场占总数的10%,但是机械化程度高,其中大功率的农业机械占很大比重。各种大型和高功率的农机具互相配套,许多田间作业可以一次完成,以节省人力、降低成本。就全国平均来看,目前大致是每个农业劳动力配备有两台拖拉机,负担120 hm^2 耕地。

加拿大农业的另外一个特点就是,农业生产高度专业化,主要农产品的产地非常集。谷物生产主要在草原三省,其中仅萨斯喀彻温一个省的小麦就几乎占了全国总产量的3/5,而阿尔伯塔的大麦又差不多占全国产量的一半。玉米的生产更加集中,安大略省的产量大致占全国总产的3/4;另外,也只有安大略省生产大豆。这样的品种分工十分利于农业的集约化。

(数据来源:重庆制造网《加拿大农业概况》)

3. 以色列的集约农业

以色列的农业非常发达，农民收入相当高，人均年收入1.8万美元。分析以色列农业的特点，可以看出，以色列农业的成功得益于农业的合作化，得益于完善的农业科研开发、技术推广和服务体系，也得益于以色列农民的勤劳和努力。

以色列农业经营的组织形式主要包括基布茨(Kibbutz)和莫沙夫(Mashav)两种形式。"基布茨"，以色列希伯来语为"群体之意"，也可以称为集体农庄，是由东欧移民回国的青年出于对苏联集体农庄的向往而创建。基布茨组织现在全国有270个，成员总体有12万人，占全国人口的3%，平均每个基布茨有450名成员，拥有500 hm^2的土地。基布茨最主要的特征有三点：一是所有的生产资料包括土地归集体所有；二是基布茨的所有收入包括其成员个人收入全部归集体所有，基布茨给每个农民按月发给生活津贴，生活必需品一律实行供给制，其余收入、积累主要用于扩大再生产；三是基布茨内部实行民主管理，民主理财。每两年改选一次管理委员会，对基布茨内部事务进行民主管理。莫沙夫，是以家庭为基本生产单元的村庄。它是一种农业合作组织，既是一个行政村又是合作社，具有社会服务和经济管理的双重功能。莫沙夫的特征也有三点：一是莫沙夫的土地和水资源所有权归属国家，但经营权属家庭个人；二是其他生产资料及收入均归农户；三是教育、医疗、文化、产品供销等统一由集体提供服务。

4. 其他国家的集约农业

在另外一些国家，比如日本，农协经过半个世纪的发展，已经成为全国性的组织体系，是国家与农民之间的联系纽带和桥梁。法国有各类农业合作社3 500多个，全国农户中90%以上是合作社成员。

美国农业合作组织是农场主自愿参加组织起来的非赢利机构，其经营目标不是获取合作组织的利润最大化，而是通过为其成员服务，使参加者从合作经营中获取最大收益。从职能角度看，可分为销售合作组织、采购合作组织、产销一体化合作组织。1995年，在全部4 663个合作组织中，产销合作社2 940个，占62.4%；采购合作组织为1 717个，占36.8%。在全部772.66亿美元的合作组织营业额中，产销合作组织的营业额为601.78亿美元，占77.9%；采购合作组织的营业额为170.88亿美元，占22.1%。无论是在数量、成员，还是经营额，为销售而组合的合作组织是最为主要的组织形式。

农业在巴西经济中最有活力和发展前景，其中合作社运动发挥着重要作用。巴西农业合作社成立于20世纪六七十年代。目前一些合作社已经成为包括农牧业生产、加工、仓储、贸易的产业集团，在创造就业岗位、提高农村人口素质方面具有重要作用。合作社对社员和员工进行培训，开办幼儿园、学校，建立医院、文化体育场所，有些还有自己的报纸和电视台。巴西1971年颁布《合作社法》，规定合作社为非营利性的民间公司，主要任务是为社员提供服务，自愿参加，民主管理，任何人的股份不得超过总体股的1/3。合作社需将收益的5%用作技术、教育和社会基金，帮助社员及其家庭成员。在合作社里，土地由社员自己耕种管理，收益归自己。合作社负责提供良种、技术指导、仓储、加工、销售、农用物资采购等服务，收取一定服务费。社员收入，部分来自合作社支出后的剩余部分。社员大会为最高权力机构，重大事项必须投票通过。每个社员有同等的投票权。社员大会选举的管理委员会任期四年，改选时至少1/3不得连任。每个州有合作社协会，全国也有代表性机构。

（数据来源：胡冬初《组织起来，推动农村综合改革全面发展》）

四、任务巩固

1.农业专业合作社运营过程中的问题分析。

2.阐述大型农业龙头企业在农业集约化生产中的意义和作用。

本项目评价反馈

一、自我评价

1.为了农业资源利用与管理的学习任务，你都做了哪些准备？

(1)查找了哪些资料？

(2)你有哪些看法？

2.运用所学的知识，分析你熟悉的农业资源利用与管理的实例，体会合理利用农业资源的意义。

3.通过自学、讨论和调研，你有什么收获？

二、小组评价

从学习态度、学习方法、团队合作和学习能力的提升等方面评价。

序号	评价项目	评价情况
1	与其他同学口头交流学习内容是否流畅	
2	是否尊重他人	
3	学习态度是否积极主动	
4	是否服从教师的教学安排	
5	是否能保持学习环境的干净整洁	
6	是否遵守学习场所的规章制度	
7	是否达到全勤	
8	团队学习中主动与合作的情况如何	

参与评价的同学签名________________

三、综合评价

1.教师评价

(1)对整个学习内容的小结归纳；

(2)对学习过程的总体评价。

教师签名________________

2.学生评价

(1)对教师授课效果的评价；

(2)对学习效果的评价。

学生签名________________

项目六　生态农业与农业的可持续发展

【项目目标】

完成本项目学习任务后，你应该能：

1. 熟知生态农业、农业可持续发展的内涵与特点。
2. 认知几种生态农业模式。
3. 掌握实现农业可持续发展的途径和标准。

【项目任务描述】

本项目分为熟知生态农业、农业可持续发展的内涵与特点，认知几种生态农业模式与掌握实现农业可持续发展的途径和标准 3 个任务。通过本项目各任务的操作与学习，能让学员熟知生态农业及农业可持续发展的内涵与特点；认知生态农业的模式类型与掌握实现农业可持续发展的途径和标准等，增强对本项目工作任务的学习兴趣，培养查阅资料、观察分析与掌握实现农业可持续发展的途径等能胜任岗位工作的职业素质。

任务一　熟知生态农业、农业可持续发展的内涵与特点

一、学习准备

(一)知识准备

1. 生态农业的内涵

生态农业是指运用生态学原理，在环境与经济协调发展的思想指导下，应用现代科学技术建立起来的多层次、多功能的综合农业生产体系。

生态农业要求人们在发展农业生产过程中，以资源的永续利用和生态环境保护为前提，通过提高太阳能的利用率和生物能的转化率，通过废弃物的再循环利用等，以尽可能少的投入，求得尽可能多的产出，并获得较高的经济、社会和生态效益，农业持续稳定地发展的综合性效果。

生态农业是一个农业生态经济复合系统，将农业生态系统同农业经济系统综合统一起来，以取得最大的生态经济整体效益。它也是农、林、牧、副、渔各业综合起来的大农业，又是农业生产、加工、销售综合起来，适应市场经济发展的现代农业。

2. 生态农业的特点

生态农业不同于一般农业，它不仅避免了石油农业的弊端，通过适量施用化肥和低毒高效农药等，突破传统农业的局限性，但又保持其精耕细作、施用有机肥、间作套种等优良传统。它既是有机农业与无机农业相结合的综合体，又是一个庞大的综合系统工程以及先进的农业生产体系。因此，生态农业是以生态经济系统原理为指导建立起来的资源、环境、效率、效益兼顾的综合性农业生产体系。

建立在生态良性循环基础上的生态与经济的协调发展，是生态农业的首要的、本质的特征。除此之外还具有以下特点：

(1)综合性。生态农业强调发挥农业生态系统的整体功能，以大农业为出发点，全面规划，调整和优化农业结构，使农、林、牧、副、渔各业和农村一、二、三产业综合发展，并使各业之间互相支持，相得益彰，提高综合生产能力。通过资源的充分利用，使生物与环境之间、生物物种之间，以及经济、技术与生物之间达到相互有机配合，保证整个农业经济体系协调发展。

(2)多样性。各地自然条件、资源基础、经济与社会发展水平差异较大，决定了生态农业不可能是同一个模式。目前，总结我国生态农业大约有 300 种以上模式。

(3)高效性。生态农业通过废弃物资源化，物质和能量多层次高效利用，形成系列化产出，降低农业成本，实现经济增值，具有较高的生产率和社会、经济及生态效益，具有较强的自我调节能力和抗干扰能力，保持一定的稳定性。

(4)持续性。生态系统的自我调节功能，使得其具有保持或恢复自身结构和功能的相对稳定的能力。生态农业应用现代科学技术建立起来的多层次、多功能的综合农业生产体系，也具有了生态系统的特征。能够把农业生产同环境建设和经济发展紧密结合起来，能够保护和改善生态环境，防治污染，维护生态平衡，提高农产品的安全性，变农业和农村经济的常规发展为持续发展，在最大限度地满足人们对农产品日益增长的需求的同时，提高生态系统的稳定性和持续性，增强农业发展后劲。

除具有以上特点外生态农业还具有绿色植被最大，生物产量最高，光合作用最合理等特征。

3.农业可持续发展内涵

(1)农业可持续发展首先就意味着发展。只有发展才能满足人们日益增长的农产品需求。这种需求不仅指数量增加上的满足,更应指农产品质量提高上的满足。

(2)农业可持续发展关键在于保护农业自然资源和生态环境。农业可持续发展就是要把农业发展、农业资源合理开发利用和资源环境保护结合起来,尽可能减少农业发展对农业资源环境的破坏和污染,置农业发展于农业资源的良性循环之中。

(3)提高人口素质。大力发展文化科技教育事业,提高人口素质,是农业可持续发展的保证,是形成自觉保护资源环境的前提。

(4)提高农业生产效益,优化农业投入结构。全面发展农、林、牧、副、渔各业,实现生产经营适度 规模化,农业生产结构合理化,农产品品种多样化和品质优良化,实现农业生产的高产、优质、高效和低耗,变原来的粗放经营为集约经营,达到农业可持续发展的目的。

(5)农业可持续发展是指农村经济和社会经济全方面的持续发展。实现农业可持续发展不单纯地是追求数量上的增加,而是要实现农民日益富裕、农业社会全面进步,使农村的资源环境、人口、经济和社会相互协调,共同发展。

4.农业可持续发展的特征

(1)生态可持续性。要保证农业生产的物质基础——农业资源环境的可持续利用,只有遵循自然生态规律,保持生态平衡,才能实现农业可持续发展。

(2)经济可持续性。农业可持续发展是指农业产量稳定持续增长,农产品质量不断改善,农业生产率稳定提高,农民收入和农业经济效益可持续增长。

(3)农业增长方式的集约性。科学技术是农业可持续发展的动力源泉,农业科技特别是农业高新技术的推广和应用,能使农业增长 从单纯依靠资源和环境转移到依靠科技进步和提高劳动者素质,提高农业增长的科技含量。

(4)目标的多元性。农业可持续发展不仅要提高农业产品的产出率、产品质量和农业经济效益,而且要注重生态效益和社会效益,把社会进步和资源环境保护放在首位,追求经济效益、社会效益和生态效益三者的统一。

(二)资料准备

1.图书馆或资料室

利用图书馆或资料室的书籍或报刊,查找有关生态农业和农业可持续发展的知识、案例等信息资料。

2.电脑、网络、新媒体

利用电脑上网或利用手机上 Wifi 等,查找有关生态农业和农业可持续发展的知识、案例等信息资料。

3.教师准备的资料单

关于生态农业、有机农业、绿色农业、农业可持续发展等的相关文章。

二、任务设计与实施

【任务设计】

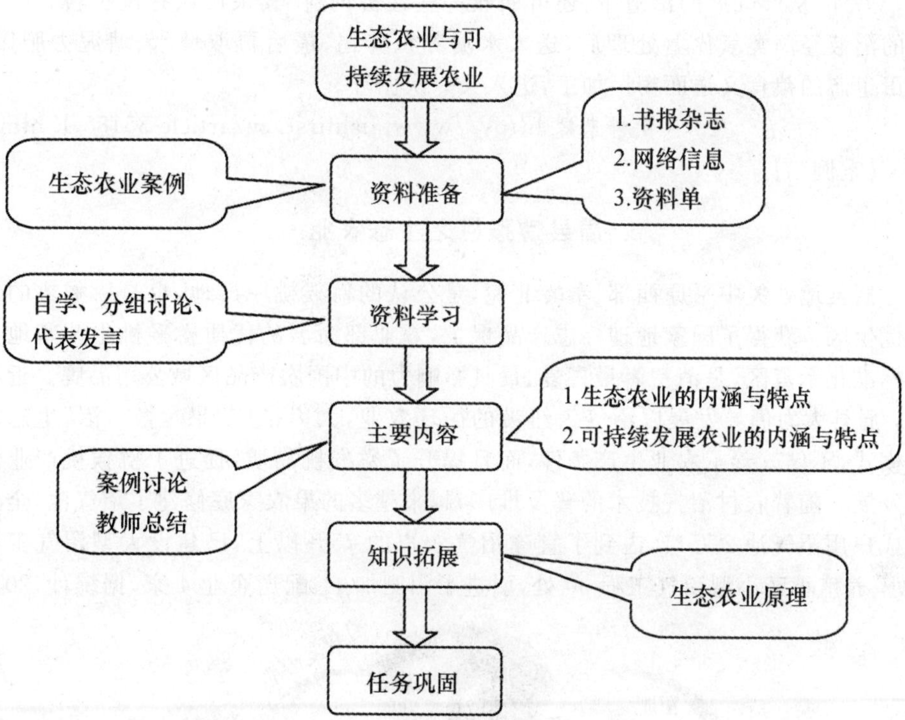

【任务实施】

（一）导入案例

【案例一】

世界生态农业典范——菲律宾玛雅农场

菲律宾是东南亚地区开展生态农业建设起步较早、发展较快的国家之一，其中以玛雅农场最具有代表性。玛雅农场位于菲律宾首都马尼拉附近，从20世纪70年代开始，经过10年建设，农场的农、林、牧、副、渔生产形成了一个良性循环的农业生态系统。玛雅农场的前身是一个面粉厂，经营者为了充分利用面粉厂产生的大量麸皮，建立了养畜场和鱼塘；为了增加农场的收入，建立了肉食加工和罐头制造厂。随着农场的发展，经营主开拓了一块 24 hm^2 的丘陵地，扩大了生产规模，取名为玛雅农场。

为了控制粪肥污染和循环利用各种废弃物，玛雅农场陆续建立起十几个沼气生产车间，每天产生沼气十几万立方米，提供了农场生产和家庭生活所需要的能源。另外，从产气后的沼渣中，还可回收一些牲畜饲料，其余用做有机肥料。产气后的沼液经藻类氧化塘处理后，送入水塘养鱼养鸭，最后再取塘水、塘泥去肥田。农田生产的粮食又送面粉厂加工，进入又一次循环。

（资料来源 http://www.fishfirst.cn/article-35185-1.html）

【案例二】

眉县猕猴桃之生态农业

眉县地处关中平原西部、秦岭北麓，是公认的猕猴桃原产地，也是猕猴桃的最佳优生区。获得了国家地理标志产品保护，农业部命名的优质猕猴桃生产基地县和标准化示范区，是消费者最喜爱、最具影响力的中国农产品区域公用品牌。近年来，眉县大力倡导发展以沼气为纽带的循环农业，大力推广“果—畜—沼”生态农业模式，不仅改善了农业生产条件，而且提升了猕猴桃品质，促进了猕猴桃产业健康发展。随着农村沼气技术的普及推广，越来越多的果农家庭修建了沼气池，全县建成户用沼气池 2 万口，占到了宜建沼气农户的 75% 以上，已建设大型沼气工程 4 处、养殖小区小型沼气工程 30 处，引进了沼肥加工、配送企业 4 家，据统计，2013

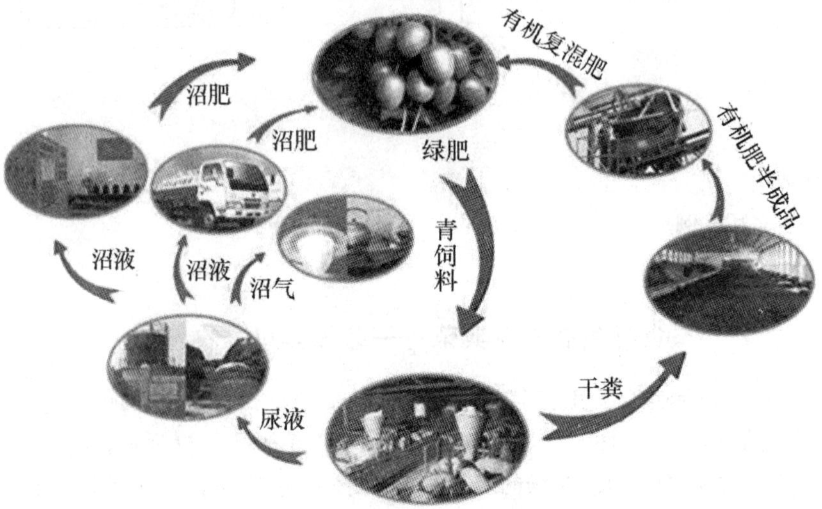

图 6-1 果—畜—沼生态农业模

年全县沼肥用量达到了 35 万 t。

（资料来源：http://meixian. sxny. gov. cn/templet/meixian/mshowarticle. jsp? id=91056）

(二)分析案例,并就其技术要点和效益进行总结

像菲律宾玛雅农场这样一个大规模农工联合生产企业,不用从外部购买原料、燃料、肥料,却能保持高额利润,而且没有废气、废水和废渣的污染。这样的生产过程由于符合生态学原理,合理地利用资源,实现了生物物质的充分循环利用。

“果—畜—沼”模式的生态农业以沼气为纽带,把养殖业和种植业有机连接起来,优化耦合,构筑资源内部循环利用的农业生产体系,合理利用了农业废弃物资源,减少了排放,有利于环境保护。通过果园施用沼肥,提升了土壤有机质,改良施用化肥造成的土壤板结,提高了果品品质,增加了农民收入,改善了生态环境,实现了资源永续利用。

“猪—沼—果”能源生态模式是以户为单元,以山地、大田、庭院等为依托,通过发展养殖业,将畜禽粪便直接入沼气池进行厌氧发酵,利用发酵残余物种果(或养鱼、或种菜),来提高产量和品质,达到无公害生产的目的;利用沼液喂猪,可提高饲料的利用率,减少猪的育肥周期,降低成本。该模式操作简单,投资少,生产出的农产品可达到无公害农产品的要求,利用农业废弃物进行综合利用,可减少污染,促进农业的可持续发展。

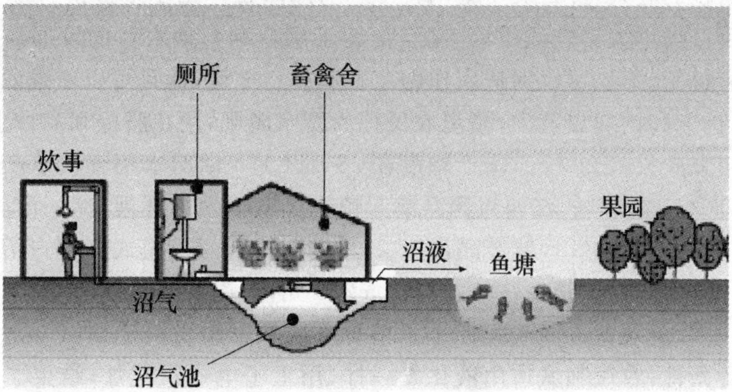

图 6-2 猪—沼—果生态模式

1.模式建设内容

建一“三结合”沼气池、养一栏猪、种一园果(或养一塘鱼,或种一园菜)。

2.技术要点及操作方法

沼气池:做好沼气池的规划,将沼气池与猪栏、厕所连通修建,粪便自流入池,最好将沼气池建在猪栏下面。沼气池建设按照国家标准进行建造和试压验收。猪栏、果园(鱼塘、菜园)建设:按照相关行业标准建设。

“猪—沼—果”工程技术体系是沼气技术和其他农业先进适用技术有机装配而成的技术组合,主要技术包括五个方面:

(1)南方模式户“猪—沼—果”工程规划与设计。

(2)沼气技术。

(3)猪舍建设与沼液喂猪技术。

(4)果园规划设计与沼肥施果技术。

(5)其他模式技术,例如,“猪—沼—稻(蔗、烟、鱼、花、桑、菜)”。

3.“猪—沼—果”生态模式的效益分析

首先,是经济效益方面,这是一条发展农村经济、农民致富奔小康的好路子。一是可以大大促进生猪生产。通过兴办沼气,农民认识到只有多养猪,沼气池才能多产气,多产气就能节约大量的薪柴和煤炭,因此砍柴买煤不如多养猪。同时,沼肥又是一种优质饲料,用来喂猪,提前 15～30 d 出栏,尤其是与低成本养猪技术配套,效果更为显著,一头猪可节约饲料 50 kg。据调查和验收,建池户一般比没有建沼气池的农户,户平要多养 3～5 头猪,每猪纯利都在 80 元以上。与此同时,还大大增加了财税的收入,按每头生猪两税 40 元计算,每户每年多提供财税 120～200 元。二是可以提供大量的优质沼气肥,推动了果业和其他农业的发展。沼肥是优质高效的有机肥,不仅可以促进农作物生长和改良土壤,而且可以增强农作物和果树的抗旱、抗冻和抗病虫能力,赣南农民称为魔水魔肥,用在脐橙和甜柚上,与施化肥相比每亩减少投入 200 元,增产幅度在 25%以上。沼肥水稻育秧单产比常规育秧高出 17.5%～24.3%,江西兴国县高兴镇农民欧阳重淮开展“猪—沼—蔗”经营模式,每亩甘蔗产量达 9 t,单产高出 3.2 t。“猪—沼—果”模式经营户沼气节能及其综合利用方面获得直接经济效益户均 5 280 元,人均 1 040 元。

其次,在社会效益方面大大促进了精神文明和物质文明建设。一是彻底改善了农村环境条件,农民和城市用液化气一样,用上了电子沼气灶,结束了烟熏火燎的历史。尤其是实行了沼气池、猪舍、厕所的三结合布局,人畜粪便进入了沼气池,消灭了蚊蝇孳生场所,一些寄生虫和病菌在沼气池内得到杀灭,减少了疾病传染,提高了农民的健康水平,村容村貌大为改观。二是进一步解放了妇女生产力,提高了农民科技意识。赣州市推广的是强回流式沼气池,可以常年产气,全年使用,一年可节约砍柴劳力 120 个以上。同时,开展“猪—沼—果”工程建设,是按照生态原理和系统工程方法的新技术，通过技术培训、学习和实践，提高了农民的科技素质，懂得了农业生产必须从传统农业中走出来，采用先进技术，讲究标准管理，规模经营，增强了持续发展意识。

再次，实施"猪—沼—果"具有显著的生态效益。一是兴办沼气，开发再生能源，大大减少对森林资源消耗，农户建上一个 6 m^3 的沼气池，一年可节约柴草 2.5 t，相当于 0.35 hm^2 林木年生长量。赣州市从 1980 年开始兴办沼气，到目前为止，已兴建沼气池 45 万个，相当于年封山育林 200 万亩，在综合措施治理下，森林覆盖率从 82 年的 43.6%上升到目前的 65.9%，荒山栽植率达 97.2%。二是沼气肥是一种优质农家肥，对改良土壤理化性状及耕作性能有着积极的意义。据调查分析，施用沼气肥的水稻田，3 年后，土壤有机质含量提高 16%，微生物十分活跃。土壤已不再是赖以化肥为代换物的简单介质了，农民施用化肥、农药量大为减少，不仅减少了农业投入，而且又大大减少了化肥、农药对农产品、土壤和水的污染，从而提高了农产品的品质，为开发无公害农产品和绿色食品，开辟了一条有效的技术途径。这样周而复始，使自然界(水、肥、气、热、土壤)和人、动植物以及微生物处以一个共生和谐和良性生态环境。综上所述，实施沼气生态农业建设，是一条投入少、见效快、富县富民的好路子，是贯彻我国提出的实施可持续发展战略的好模式。

"猪—沼—果(鱼、菜)"生态模式技术是以农户为生产主体，采用先进技术，建造沼气池、猪舍、厕所三结合工程，利用猪粪和农村秸秆等废弃物下沼气池发酵，产生沼气后供农户烧饭点灯，解决农村生活用能，利用沼肥浸种、施肥、喂猪、养鱼，实现农业废弃物—沼气池—农业生产这种往复循环的生产模式。这种模式是以养殖业为龙头，以沼气建设为中心，串联种、养、加工等产业，围绕农业产业，因地制宜开展沼液、沼渣综合利用。其中沼气是核心环节，其本质是强化农业生态体系中微生物还原功能，成为农业各产业之间、农业与生态环境之间的链条，在能量转化、物质循环、废物利用和土壤改良四个方面均比以往生态农业有着新和更广泛的意义。

(资料来源：http://nc.mofcom.gov.cn/news/17347742.html)

(三)任务实施与组织

(1)安排学生课前预习生态农业及农业持续发展的内涵、特点等有关内容，带领学生到当地一家生态园区参观学习，并观察该园区生态链组成及生物能量多级利用状况，了解生态园区建设技术要点。

(2)在教师的指导下，通过多种信息渠道查询资料。关键词有：生态农业、有机农业、现代农业、循环农业、可持续农业等。

(3)系统地考察一家农业产业化龙头企业，以调查研究报告形式，分析其集成利用资本、技术、人才等生产要素，带动农户发展专业化、标准化、规模化、集约化生产的基本内涵及其在构建生态农业产业链、推进农业可持续发展中的作用。

(4)小组讨论。通过头脑风暴法扩大学习成果，并集中集体智慧完成一份较好的上述内容的专题调查研究报告。

(5)每组选一个代表，在全班讲解小组专题调查研究报告的形成思路、学习收获，组员补充收获的内容。

(6)教师组织发动全班同学讨论、评价各小组的学习情况，达到全班同学共享学习资源和收获体会，巩固所学的知识内容。

三、学习拓展

(一)生态农业的原理

生态系统中能量多级利用和物质循环再生是生态学的一条基本原理，生态农业原理具体表现在以下 5 个方面。

1.能量多级利用与物质循环再生原理

在生态系统中，能量流动和物质循环主要是通过食物链来完成的，食物链既是一条能量转换链，也是一条物质传递链，从经济上看是一条价值增值链。因此，遵循这一原理，合理设计食物链，使生态系统中的物质和能量被分层多级利用，从而提高能量转化效率。

如作物生产过程，如果将秸秆当燃料烧掉，人类就不能充分利用秸秆中的能量；如果将秸秆作牲畜的饲料，利用家畜排泄物返回农田作肥料，使用于家畜食物和排泄未能参与有效转化的部分能得到利用、转化，可使能量转化效率大大提高；如果将牲畜的粪便进入沼气池，将发酵产生的沼气做燃料，将沼气池中沼渣做肥料，就能实现对能量的更多一级利用，从而大大提高能量的利用率。

【案例】

留民营生态农场

北京大兴区留民营村，在发展生态农业之前，全村作物秸秆除去部分做燃料外，大部分被丢弃，秸秆还田率很低。1983 年，这个村开始发展生态农业，通过大力开发利用新能源、保护生态环境、调整生产结构，建立了养殖场、沼气池、饲料加工厂、面粉和食品加工厂，不但形成了以沼气为中心，串联农、林、牧、副、鱼的生态系统，而且形成了种、养、加，产、供、销一条龙的生产体系。

图 6-3　北京留民营生态农场

在留民营村，作物秸秆经过青贮糖化或氨化过程和粮食加工产生的麸皮、米糠以及豆制品厂的产生的豆渣等作为奶牛、猪、鸡等畜禽饲料，畜禽的粪便进入沼气池，沼气池产生的沼气供给农民做饭和照明的能源，沼气池中产生沼渣和沼液，作为农田肥料。农田减少了化肥用量，改良了土壤结构，净化了农村环境，降低了人和畜禽的发病率，增加了经济效益。

（资料来源：http://www.bj.xinhuanet.com/bjpd-shenghuo/2010-03/19/content_19298100.htm）

通过对农业生态系统中的物质循环再生利用和能量的多级利用，使生产一种产品时产生的有机废物资源化，成为生产另一种产品的投入，各个组成成分之间紧密联系，建立了一种良性循环系统，使得整个生态村或生态系统成为一个具有一定结构和功能的统一整体，提高能量转化效率，减少废弃物排放，从而减少环境污染。

2. 生物与环境协同进化原理

农业生态系统中的生物与其环境紧密联系、相互作用、相互依赖、共存于统一整体中。

在农业生态系统中，环境为农业生产提供物质和能量，包括土壤、水分、空气和太阳光能等，与此同时，在农业生物的生长、生产过程中，也不断地通过释放、排泄及其他形式把物质归还给环境，对环境资源进行补充，使环境能够保持一定的物质贮备，以保证生物再生。

环境为生物的存在提供了必要的物质条件，环境影响生物，生物也影响环境，而受影响改变的一方又反过来影响另一方，如此反复进行从而使两方不断地相互作用、协同进化。生态农业正是遵循这一原理，正确设计生产进程、合理布局生产规模及方式。

3. 生物之间链索式的相互制约原理

生态系统中的众多生物通过食物营养关系相互依存、相互制约，例如从绿色植物到食草动物再到食肉动物，通过捕食与被捕食的关系构成食物链，多条食物链相互交错、连接构成了复杂的以食物为链接的生物网，由于它们相互连接，其中一个链节的变化都可能影响其他的链节，甚至会影响到整个生物界。在生物之间的食物链索关系中，包含着严格的量化关系，处于相邻两个链节上的生物，无论个体数目、生物量或能量均有一定比例。生态农业遵循这一原理，按食物链合理组织生产，巧接食物链，能最大程度挖掘资源潜力，任何打乱它们关系的做法，将会使生态平衡遭到破坏。

4.结构稳定性与功能协调性原理

自然生态系统中，经过长期的相互作用，在生物与生物、生物与环境之间，建立了相对稳定的结构，具有相应的功能。生态农业要提供优质高产的农产品，必须建立稳定的生态系统结构。为此，要遵循生物共生互补、相生相养的原则，如动物呼吸是吸收氧气释放二氧化碳，植物利用光能进行光合作用吸收二氧化碳释放氧气，自然界动植物共生互补、相生相养；人们利用蜜蜂采蜜和传授花粉的互补，把果树栽培与养蜂结合起来；以及稻田养鱼，鱼稻共生，都可以在生产上和经济上起到互补作用；利用豆科植物的根瘤菌固氮、养地和改良土壤结构等。这种生物与生物、生物与环境之间相互谐调组合保持一定比例关系而建成的稳定性结构，有利于系统整体功能的充分发挥。农业生态系统的生物成员是人类按照生产的目的，精心安排，受到人类的调节与控制。

5.生态效益与经济效益统一原理

农业生产是人类的一种经济活动，目的是为了增加农业产出的同时增加经济收入，而在生态经济系统中经济效益和生态效益的关系是多重的，既有同步关系，还有背离关系，还有同步与背离相互结合的关系。在生态农业中，要求经济效益和生态效益同步取得，这样就必须遵循资源合理配置，劳动力充分利用、农业产业化原则，在农村生产劳动力大量过剩的情况下，一部分农民与土地分离从事农产品加工、农村服务业，延伸农业产业链。经济结构合理化原则，既要符合生态要求，又要适合经济发展和消费的要求。市场化供求原则，生态农业只有突破了自然经济的范畴，才可能向专业化和商品化过渡。

(二)认识中国生态环境管理学科创始人——马世骏

马世俊(1915—1991)，我国著名的生态、环境学家，曾担任北平大学农学院教授。他提出的生态工程的理论，获得了国内外专家的高度评价。人们认为这是解决发展中国家在经济发展、有限的资源投入和脆弱的生态环境之间发证尖锐矛盾时的有效方法与途径。

1987年，马世俊与国际上许多著名学者一起起草了驰名全球的环境与发展报告《我们共同的未来》。他主张变消极的环境保护为积极的生态调控，提出了“整体、协调、循环、再生”的战略方针。他建议将生态工艺的设计与改造、生态体制的规划与协调、生态意识到的普及与提高作为社会、环境同步发展的几项根本措施，提出在全国范围内开展城乡生态建设，实现经济、社会、生态效益的统一，该理论获得了国内外专家的高度评价。

四、任务巩固

1. 简要说明生态农业与可持续发展农业的区别。

2. 试分析"猪—沼—果"模式的经济、社会、生态效益。

任务二　认知几种生态农业模式

一、学习准备

(一)知识准备

1. 生态农业模式

华南农业大学骆世明认为，农业生产中生物与环境相互作用、生物与生物紧密关联、输入与输出相互影响，把原分散操作的农业生态系统各组分重新组织成一个相互联系的整体，促进农业社会效益、经济效益和生态效益的协调发展。在生态农业实践中把这类农业的整体称为生态农业模式。

王兆骞先生定义了"生态农业模式"的概念，认为生态农业模式是整个生态农业借以组装和运行的蓝图，是各组成要素在整个系统网络中的地位和相互循环关系的具体表达。

李新平等认为生态农业模式是一项系统工程，是实现生态农业系统功能的技术手段，是生态学与经济学原理在生态农业建设中的具体运用和表达方式。

生态农业模式的含义，虽然各位学者从不同的角度来表述，但是都有相似的实质。生态农业模式是用于实现和发展生态农业系统功能的各种具体生产要素(包括自然、社会、经济技术因素等)的最佳组合方式，具有一定结构、功能和效益的实体。

2. 生态农业模式类型

生态农业模式很多，据不完全统计就有 370 种之多。农业部根据生态农业模式的应用情况总结出了我国使用最多、技术最成熟的十大模式进行推广。这十大典型模式和配套技术是：

北方“四位一体”生态模式及配套技术；南方“猪—沼—果”生态模式及配套技术；平原农林牧复合生态模式及配套技术；草地生态恢复与持续利用生态模式及配套技术；生态种植模式及配套技术；生态畜牧业生产模式及配套技术；生态渔业模式及配套技术；丘陵山区小流域综合治理模式及配套技术；设施生态农业模式及配套技术；观光生态农业模式及配套技术。

综合来看，主要有食物链型、时空结构型和综合型3种类型。

(1)时空结构型。这是一种根据生物种群的生物学、生态学特征和生物之间的互利共生关系而合理组建的农业生态系统，使处于不同生态位置的生物种群在系统中各得其所，相得益彰，更加充分的利用太阳能、水分和矿物质营养元素，是在时间上多序列、空间上多层次的三维结构，其经济效益和生态效益均佳。具体有果林地立体间套模式、农田立体间套模式、水域立体养殖模式，农户庭院立体种养模式等。

(2)食物链型。这是一种按照农业生态系统的能量流动和物质循环规律而设计的一种良性循环的农业生态系统。系统中一个生产环节的产出是另一个生产环节的投入，使得系统中的废弃物多次循环利用，从而提高能量的转换率和资源利用率，获得较大的经济效益，并有效的防止农业废弃物对农业生态环境的污染。具体有种植业内部物质循环利用模式、养殖业内部物质循环利用模式、种养加工三结合的物质循环利用模式等。

(3)综合型。这是时空结构型和食物链型的有机结合，使系统中的物质得以高效生产和多次利用，是一种适度投入、高产出、少废物、无污染、高效益的模式类型。

(二)资料准备

1.图书馆或资料室

利用图书馆或资料室的书籍或报刊，查找有关生态农业模式的案例等信息资料。

2.电脑、网络、新媒体

利用电脑上网或利用手机上 Wifi 等，查找有关生态农业的模式等信息技术资料。

3.教师准备的资料单

关于生态农业、模式等概念的相关文章。

二、任务设计与实施

【任务设计】

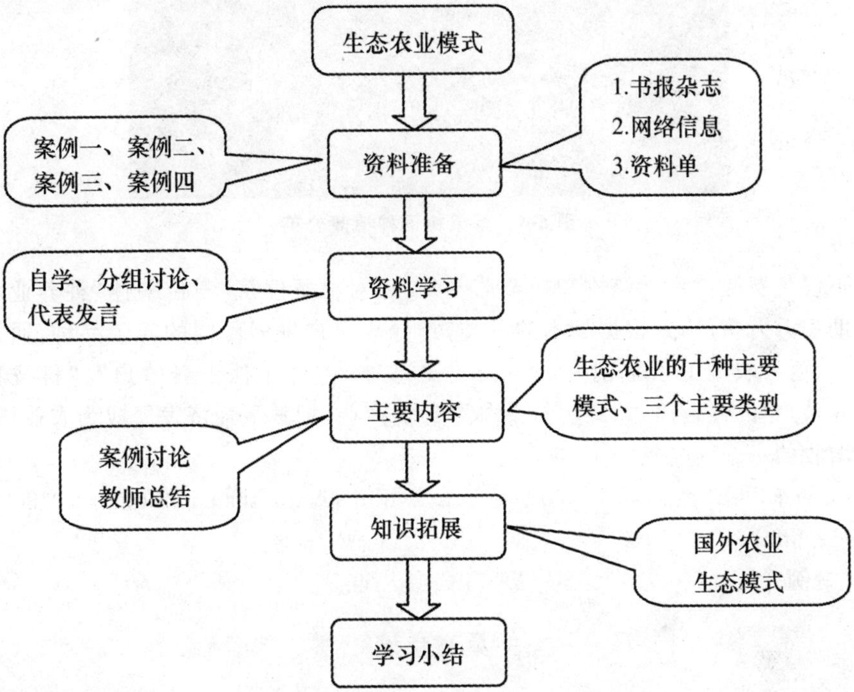

【任务实施】

(一)导入案例

【案例一】

林下种养业成为山阳农民增收新路

山阳县通过政策帮扶、资金扶持等措施,引导农民利用林地养鸡、养猪和种植中药材。目前已形成了经济林下养鸡、林下养猪、林下种植中草药、林下培育野生菌和种植食用菌、天麻等几种林下经济种养经营模式。

2013 年,山阳县计划按照“三位一体”的林下经济种养模式,新发展种养户 200 户,其中新农村示范村 100 户,其他村 100 户(每户建园 50 亩以上,林下种植不低于 30 亩、林下养鸡不低于 2 000 只或林下养猪不低于 50 头、圈养不低于 100 m^2)。

图 6-4 苹果树下种植蒲公英

政府不仅免费提供良种核桃和板栗苗木外，还对林下经济“三位一体”种养业示范户补助 1 万元费用，并根据林木的种类，指导养殖户发展不同的养殖品种，通过党员带动、返乡农民工示范创业，走“公司＋基地”、“合作社＋养殖户”、“科技特派员＋养殖户”的经营路子，致力打造林下经济产业，把林下经济发展成为农业增效、农民增收的一个新亮点。

（资料来源：http://www.moa.gov.cn/fwllm/qgxxlb/shanxi/201303/t20130325_3413561.htm）

【案例二】

桑基鱼塘

食物链是生态系统的基本结构，通过初级生产、次级生产、加工、分解等完成代谢过程，完成物质在生态系统中的循环。桑基鱼塘是典型的水陆交换生产系统，是我国广东省、江苏省农业生产中推广较为普遍的生态农业类型。该系统陆生和水生两个系统组成，桑基鱼塘是由基面种桑、桑叶喂蚕、蚕沙（蚕粪）养鱼、鱼粪肥塘、塘泥为桑施肥等各个生物链所构成的完整的水陆相互作用的人工生态系统。在这个系统中通过水陆物质交换，使桑、蚕、鱼、菜等各业得到协调发展，桑基鱼塘使资源得到充分利用和保护，整个系统没有废弃物，处于良性循环之中。即基面子系统和鱼塘子系统。

【案例三】

陆良县鸭鱼藕立体种养高产高效

陆良县鸭鱼藕立体种养项目在中枢镇的四河、盘新、三岔镇的天宝、杨家坝 4 个村委会选择 10 户示范户。共种藕 100 亩，养鱼 2 万尾，养鸭 7 400 只，产藕

180 t，出栏商品鸭 7 200 只，产鱼28 500 kg，实现销售收入 88.99 万元，盈利 25.5172 万元，示范户均纯收入 2.551 72 万元。

图 6-5 藕塘养鸭养鱼

（资料来源：http://llxmj.gov.cn/Print.aspx? id=879）

【案例四】

北方"四位一体"生态模式

"四位一体"生态模式是在自然调控与人工调控相结合条件下，利用可再生能源（沼气、太阳能）、保护地栽培（大棚蔬菜）、日光温室养猪及厕所 4 个因子，通过合理配置形成以太阳能、沼气为能源，以沼渣、沼液为肥源，实现种植业（蔬菜）、养殖业（猪、鸡）相结合的能流、物流良性循环系统，这是一种资源高效利用，综合效益明显的生态农业模式。运用本模式冬季北方地区室内外温差可达 30℃以上，温室内的喜温果蔬正常生长、畜禽饲养、沼气发酵安全可靠。

"四位一体"种养生态模式的基础设施为塑膜覆盖日光温室（面积为 6 m×70 m），在温室的一侧由山墙隔离出面积为 15～20 m^2 的地方，地面上建畜禽舍和厕所，地下建沼气池（池容为 8～10 m^3）。山墙的另一侧为蔬菜生产区。沼气池的出料口设在蔬菜生产区，便于沼肥的施用。山墙上开 2 个气体交换孔，以便畜禽排出的二氧化碳气体进入蔬菜生产区，蔬菜的光合作用产生的氧气流向畜禽舍。畜禽粪便冲洗进入沼气池，并加入适量的秸秆进行厌氧发酵，产生的沼渣可用作底肥，沼液可用作叶面施肥，也可作为添加剂喂猪、鸡。温室内具有适宜的环境温度，即使在严冬也能保持在 10℃以上，在温室内饲养猪、鸡增收效果明显。因此它具有如下特点和优势：

（资料来源：http://www.ahhzs.com/auditorium/ll/2010/0810/15081.html）

(二)分析评价生态模式,总结特点

发展林下经济,不仅充分利用了空间,创造了经济效益,而且实现了生态循环,如林下养鸡,鸡吃林地里的虫、草,鸡粪又肥沃了林地,促进果树的生长,从而使农林牧各业实现资源共享、优势互补、协调发展的生态模式。

鸭鱼藕立体配套高效种养模式,具有投资少、综合效益高的特点。在藕田中科学的养鸭养鱼,鸭能将藕秆及藕叶上的昆虫吃掉,在水中游动能疏松土壤,增加水中及土壤中的氧分,有利于鱼及藕的生长。鱼能将藕田中的杂草吃掉,不需要喷洒防虫、除草农药,降低种植成本,并且鸭粪能作为喂鱼的诱饵食物,减少鱼饲料,降低饲养成本。鸭在水中洗浴,可促进鸭的新陈代谢,提高体质和健康水平,并解决了养鸭的排泄物污染环境的问题,有利于改善养鸭环境。另外,鸭粪是一种有机肥能肥田,既能减少其他肥料的用量降低种植成本,又能足使生态藕的生长,达到生物共生互利,扬长避短,综合开发,降低了农产品的生产成本,增加了农民收入,加速了生态农业的发展。

“四位一体”生态模式是以土地资源为基础,以太阳能为动力,以沼气为纽带,进行综合开发利用的种养生态模式。通过生物转换技术,在同地块土地上将节能日光温室、沼气池、畜禽舍、蔬菜生产等有机地结合在一起,形成一个产气、积肥同步,种养并举,能源、物流良性循环的能源生态系统工程。

1.“四位一体”种养生态模式的特点

这种模式能充分利用秸秆资源,化害为利,变废为宝,是解决环境污染的最佳方式,并兼有提供能源与肥料,改善生态环境等综合效益,具有广阔的发展前景,为促进高产高效的优质农业和无公害绿色食品生产开创了一条有效的途径。其特点,一是立体经营,多业结合,集约经营。充分利用地下、地表和空中的空间,以求使设施内的空间得到最大限度的合理利用。在设计方面将沼气池埋入温室的地下,地面空间分为两部分,一部分用于植物种植,另一部分用于家畜养殖,养殖区上部的空间用于家禽养殖。把动物、植物、微生物结合起来,加强了物质循环利用,提高了经济效益、社会效益和生态效益。二是保护环境。由于该模式,充分循环利用了各种资源并不对自然产生危害,因此该模式保护改善了自然环境与农村的卫生条件。三是多级利用。植物的光合作用为畜禽提供新鲜氧气;畜禽呼吸吐出的二氧化碳给植物的光合提供了原料;沼液用于叶面肥料和作物的杀虫剂;沼渣用作农田的有机肥及蘑菇栽培的基质;沼气中的甲烷提供给日光温室可增温和光照,二氧化碳可促进植物的光合作用。四是系统高效。这里所说的高效化可以从两个方面

加以理解，首先是系统运行效率高，这主要体现在通过各种技术接口，强化了系统内部各组成部分之间的相互依赖和相互促进的关系，从而保证了整个系统运行的高效率；其次是系统的效益高，这主要是由于系统的生产严格遵循了自然规律，也就是实现了生态化生产，所以模式生产的农产品的品质和产量就得到了提高，从而保证了系统的高效产出。

2.“四位一体”种养生态模式的优点

(1)增产效果明显，品质改良显著。模式内的蔬菜提前上市 40 d，生长期处延长 20～30 d，产量有大幅度的提高。大棚黄瓜畸形少，瓜直色正，口感好，深受消费者欢迎。

(2)增重育肥效果显著。沼液为弱碱性，有利于猪、鸡的生长发育；沼液富含多种有机氨基酸、维生素及复合消化酶、能促进生物体的新陈代谢和提高饲料利用率。用沼液作饲料添加剂，猪平均日增重 0.7 kg 以上，最高可达 0.77 kg，提高了出栏率；养鸡育肥快，出栏时间可提前 7～10 d。

(3)有利于节约能源。在大棚内建沼气池解决了冬季不产气的问题，10 m^3 沼气池年产沼气可达 810 m^3 除用于照明、做饭、烧水外还可以为蔬菜生长提供二氧化碳气肥，有利于提高棚温和增加光照时间。

(4)提供有机肥源，培肥地力。一个 10 m^3 沼气池一年可产 6 t 沼渣，用沼渣作基肥，可减少化肥的施用量，降低生产成本，减轻了农业污染，提高了土壤有机质含量。长期使用沼肥，可使土壤疏松、结构优化，土壤肥力显著提高。

(5)防病虫害效果明显。施用沼渣、沼液对黄瓜、番茄的早期落叶、黄斑病等病虫害有抑制作用。对虫害防治效果明显，对蚜虫、红蜘蛛等虫害的防治效果达 90%以上；减少农药使用次数，有利于无公害蔬菜的生产。

3.“四位一体”种养模式的效益分析

(1)经济效益分析。“四位一体”种养生态模式内蔬菜产量高，品质好，销售快，每组大棚一般年收入 6 000～10 000 元，增加经济收入 1 500 元左右。大棚内养成猪所出栏 6～8 头，可获经济收入 800 元以上，纯收入 2 300 元以上。总之，“四位一体”种养生态模式每组大棚比普通大棚年增收 0.4 万～0.8 万元。大棚建设投入当年即可收回，并略有节余。一次投资，多年受益，经济效益十分显著。

(2)社会效益和生态效益分析。“四位一体”捉养生态模式有效地改善了农村生态环境卫生，推动了畜牧业的发展，在种养综合利用方面是一个创举，对丰富菜篮子发挥了重要作用，加快了在农村大力推广节能实用技术的进程。该种养模式的生态效益更为突出，大棚内建沼气池，池上搞养殖，既能消化处理秸秆，又能使粪便入池进行厌氧发酵，减少环境污染，而且沼渣、沼液又是上好的无公害肥料，长期使用，可减少病虫害发生。

总之，“四位一体”种养生态模式实现了生态效益、经济效益和社会效益的同步增长，加快了农业系统内部能量、物质的转化和循环，对保持农业生态平衡起到了积极作用。“四位一体”种养生态模式所生产出的农产品基本符合国家规定的无公害农产品质量标准，推广这种模式是发展无公害农业、绿色农业、有机农业的有效途径。因此，“四位一体”种养生态模式是推动农业可持续发展、创建绿色生态家园的新型生产模式，具有推广价值。

(三)任务实施与组织

(1)安排学生当地调查一种模式类型的生态农业成功案例，并就其优缺点，经济效益、社会效益和生态效益进行分析。

(2)在教师的指导下，通过多种信息渠道查询有关生态模式类型的资料。

(3)每个学员立足当地，提出一个适宜的乡村生态农业模式，确立适宜的生态模式流程和技术要点，并对其进行可行性论证。

(4)小组讨论，通过头脑风暴法扩大学习成果，并集中集体智慧完成一份较好的乡村生态农业模式可行性论证报告。

(5)每组选一个代表，在全班讲解小组乡村生态农业模式可行性论证报告的形成、学习收获，组员补充收获的内容。

(6)教师组织发动全班同学讨论、评价各小组的学习情况，达到全班同学共享学习资源和收获体会，巩固所学的知识内容。

三、学习拓展

1.严谨的德国人、严格的德国生态农业

德国早在1924年就有了生态农业的概念，如同德国人行事的严谨作风一般，德国对生态农业的要求也相当严格：不使用化学合成的杀虫剂、除草剂，而使用有益天敌或机械除草方法；不使用易溶的化学肥料，而使用有机肥或长效肥；利用腐殖质保持土壤肥力；采用轮作或间作等方式种植；不使用化学合成的植物生长调节剂；控制牧场载畜量；动物饲养采用天然饲料；不使用抗生素；不使用转基因技术。欧盟于1991年6月21日颁发了《关于生态农业及相应农产品生产的规定》，该规定明确指出，作为生态产品的生产必须符合国际生态农业协会(FOAM)的标准，如产品如何生产，哪些物质允许使用，哪些物质不可使用等。在生产过程中，生态产品所采用的原料必须是生态的。所采用的附加料，如在生产过程中必须使用，则允许部分附加料来自传统农产品，但不得高于25%。一旦使用了传统农业附加料，就应在产品中标明使用的比例。只有95%以上的附加料来自生态的，才可作为纯生态产品出售。

德国生态农业协会（AGOEL）的标准高于欧盟的“生态规定”。如一企业欲加入AGOEL，将其产品作为生态产品销售，必须经过3年的完全调整方可。由国家授权的检测中心对申请转入生态农业生产的企业进行检查，每年至少进行1次。此外，也可不定期进行抽查。如检查不合格，则要延长调整期。此外，德国农业部每年还设立了生态农业奖，奖励对促进生态农业改善、开发产品技术等有突出贡献的企业，奖金总计25 000欧元，足以见德国政府对于生态农业的大力提倡和支持。

2.缺水少地也能做生态，节水先行的以色列生态农业

以色列是一个农业自然资源相对贫乏的国家，全国一半以上土地位于干旱和半干旱地区，因此，土地和淡水资源十分匮乏。为了解决这个问题，以色列在20世纪50年代末期，发展了滴灌和其他微量灌溉技术，大大提高了水资源的利用率。节水成为其农业管理的中心任务，单位土地面积和单方水最大的经济效益是节水农业研究和管理的主要目标。农作物、绿树、草地、鲜花几乎全用滴灌。滴灌按时按量地把水及营养直接输送到植物的根部，避免了水的流失，可以以少量的水达到最佳效果，水、肥利用率高达80%～90%，节水50%～70%，节约肥料30%～50%；同时，防止了土壤次生盐渍化的发生，节约了传统灌溉沟渠占地问题，使单位面积产量成倍增长。

此外，以色列还重视研究利用废水进行农田灌溉的再循环利用。他们将废水通过不同的过滤装置，降低其污染物质和细菌含量，使废水变为适宜灌溉的水源。灌溉时，综合考虑水质、土壤质地与状态，制定出合理的灌溉策略与方式，并选定适宜的作物，以利于水中物质的分解和避免地下水质的污染。

借助科技手段，以色列特色节水农业不仅保证了农产品的质量和产量，还提高了农业生产全过程机械化、集约化、规模化程度。达到以水为中心的田间水—土壤—作物—大气系统的协调关系，保持降水、地表水、地下水、土壤水和作物水之间的适应于农业生产用水要求的相互转化的平衡，提高了水源到作物产量转化环节的水分利用率，形成了对农业生态环境的最大程度的优化和利用。

3.看一衣带水的邻邦日本如何做生态农业

日本生态农业概念的提出始于20世纪70年代，而生态农业发展经历了强调农产品（加工品）质量安全、农业生态环境质量保全，到实现可持续发展的过程。

由于日本本国农业资源有限，因此日本的生态农业的形式往往因地制宜、多种多样。主要有：

第一，再生利用型。即通过充分利用土地的有机资源，对农业废弃物进行再生利用，减轻环境负荷。如将家畜粪便经堆放发酵后就地还田作为肥料使用，将污水经处理后得到的再生水用于农业灌溉等，这都是充分利用农业再生资源的措施；

第二，有机农业型。即在生产中不采用通过基因工程获得的生物及其产物，不使用化学合成的农药、化肥、生长调节剂、饲料添加剂等物质，而遵循自然规律和生态学原理，协调种植业和养殖业的平衡，采用一系列可持续发展的农业技术，维持农业生产过程的持续稳定。其主要措施有：选用抗性作物品种，利用秸秆还田、施用绿肥和动物粪便等措施培肥土壤，保持养分循环；采取物理和生物的措施防治病虫草害；采用合理的耕种措施保护环境，防止水土流失，保持生产体系及周围环境的基因多样性；

第三，稻作—畜产—水产三位一体型。即在水田种植稻米、养鸭、养鱼和繁殖固氮蓝藻的同时，形成稻作、畜产和水产的水田生态循环可持续发展模式。这种模式的做法是在种植水稻的早期开始养鸭，禾苗长大后，田中出现的昆虫、杂草等为鸭提供饲料，鸭的粪便作禾苗的肥料，又可为水田中的红线虫、蚯蚓、水蚤及浮游生物提供食物来源，同时又给鱼等提供饵料，从而实现生态循环。这种生态农业技术已在日本农村推广和普及，该技术所产生的综合效益亦被众多水稻种植农户所认可；

第四，畜禽—稻作—沼气型。即农民在养鸭、牛等家畜过程中，将动物的粪便作为供制造沼气的原料。同时，农作物的秸秆经过加工用来作家养畜禽的饲料，或作为沼气的原料，沼气又可为大棚作物提供热源等。这样，经过能量转换实现生态的均衡，并且生产的农作物比较环保，又能实现经济效益。

4. 大棒＋胡萝卜：老牌农业帝国的生态农业之路

美国是世界上最发达的国家，也是世界上第一大农产品出口国。据了解，美国农业劳动力约200万人，仅占全国劳动力总数的2%左右，以高度商业化的家庭农场为基础。另外，早在1914年，美国就很大程度上实现了种植的专业化，农业产销也实现了“从田间到餐桌”的一体化。以此成就了美国农业现代化、集约化、高度机械化的老牌农业帝国的地位。但是美国对保护农业后备资源和农业生态建设无论在规模上，还是在水平上都是名列世界前茅的。而这与其完善的法律体系和有力的财政支持是分不开的。

美国的生态农业发展有完善的法律法规体系作为保障。早在1990年，美国颁布的《污染预防法》中就对生态农业做出过明确规定，经国会通过的《美国的1990年农业法》通过立法形式选择研究和教育途径来建立一种可持续的、有利可图的与保护资源的农业生产体系。为了实施低投入发展模式，还对农药、化肥等投放量标准制定了专门的法律规定。

如果说完善的法律体系是生态农业发展的前提，那么有力的财政扶持就是生态农业持续壮大的基础。目前美国已有 2 万多个生态农场，从 20 世纪 90 年代起美国便开始对农业进行"绿色补贴"，要求受补贴农民必须检查自身环保行为，除此之外还暂行减免农业所得税；在生态农作制度改革过程中，为了引导农场采用休闲方式降低生产成本与保持水土，美国政府制定了休种补贴政策，对农户进行直接的补助补贴。

(资料来源 http://www.fishfirst.cn/article-35185-1.html)

5.我国农户用小型高效沼气综合工程

农户小型高效沼气综合工程是以小型高效沼气发酵罐为核心，建立的真空管太阳能热水器—小型高效沼气发酵罐—秸秆气化—厨房、厕、浴污水化粪池组合式能量互补系统，具有小型、高效、投资少等特点。小型高效沼气发酵罐以新工艺、新材料为依托，采用太阳能循环加热和增加搅拌装置等新工艺，使用吸热保温新材料，提高容积产气率。能够保证农户使用高品位、清洁的稳定可再生能源，改善农户的生活、环境条件和卫生面貌，使之替代常规的能源消耗，降低生活用能的价格，缓解农村的能源短缺矛盾，方便农户，满足广大农户的需求(图 6-6)。

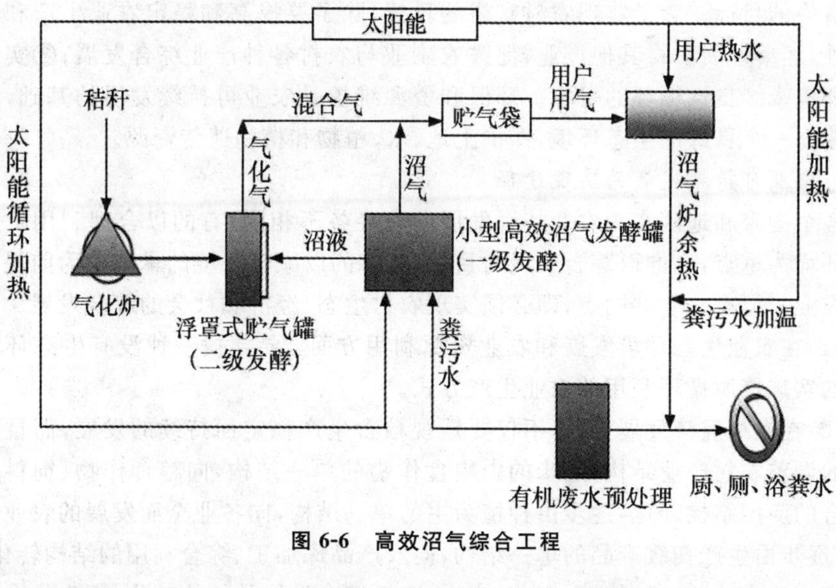

图 6-6 高效沼气综合工程

(资料来源：http://wenku.baidu.com/view/824b5e22aaea998fcc220e92.html)

任务三 掌握实现农业可持续发展的途径和标准

一、学习准备

(一)知识准备

1. 农业可持续发展目标

我国农业发展的最终目标主要包括：①保持农业生产率稳步增长，提高农产品产量和粮食的安全保障；②保持农村经济的持续稳定增长，大幅度地增加农民的收入，消灭贫困，彻底改变农村落后状况；③建立起农业和农村经济系统有效运转及良性发展的生产经营机制；④保护和改善农业生产环境，维护生态平衡，合理持续地利用农业生产资源，实现生产、经济、社会和生态环境的协调发展。

联合国粮农组织实现可持续农业的三大战略目标：①保证食品安全供给目标。积极主动的发展食品生产，尤其是确保谷物的生产，并使谷物有足够的储备(一般谷物的储备必须占谷物消费的17%以上)成为农业持续发展的首要目的；②促进农村富裕的目标。为了实现农村富裕的目标，除了要提高和稳定农业生产和经济效益外，还要发展农村其他产业，促进农副业与农村各种产业综合发展；③实现资源与环境永续良性循环的目标。环保和资源维护是农业可持续发展的基础，因此必须建立一个良好的生态环境，保护土地、水、植物和植物遗传资源。

2. 农业可持续发展的实现途径

各个国家和地区实现农业持续发展的途径各不相同，有的以合理利用资源和保护环境为重点，有的以综合发展为目标，还有的以减轻环境的承载力为前提发展持续农业。但有一个共同点，即必须实现农村生态、经济和社会的综合发展。

(1)在农业生态环境发展和农业资源利用方面，要寻找一种没有生态环境负效应的实现资源循环利用的农业生产方式。

(2)在农村经济发展方面，不仅要重视粮食生产稳定而持续的发展，而且要进一步的调整农村产业结构，逐步的由粮食作物的单一结构，向粮食作物、饲料作物相结合的新型结构转化，逐步由种植为主的单一结构，向各业全面发展的农业结构转化，逐步由生产初级产品的单一结构，向农产品深加工、综合利用的结构转化；逐步由产中为主的单一结构，向产前、产中、产后综合发展的结构转化；逐步由农业的一业的单一结构，向第一、第二、第三产业共同发展的产业结构转化。

(3)在农村社会发展方面,要改变过去只重视农村经济发展而忽视农村环境、文化等社会诸方面全面发展的做法。

3.农业可持续发展的判别标准

判断其是否实现可持续发展的标准是多方面的:

(1)人口出生率应达到并保持基本平衡,这是判断一个地区为实现持续发展的自控能力的准则。只有当人口的增长率接近并达到零增长的平衡点时,才有可能集中在发展的质量上做文章。

(2)人均财富不应因世代的更迭而下降。包括自然资源在内的人均财富应逐年有所增长,经济发展不应采取拆东墙补西墙的方法,社会的物质财富增加了,而自然财富减少了,很难说是人类的财富增加了。

(3)科技进步的贡献率应当"抵消"或克服投资的边际效益递减率。科技进步是实现持续农业的终极原因,是人类可以超越"增长的极限"的有效武器。

(4)资源的使用与保护维持平衡。比如土壤的侵蚀能力与土壤的保护力应当维持时序上的平衡;森林的采伐率和森林的营造率之间保持基本平衡;海洋的鱼类捕捞率不应超过鱼类群自然增长中的可补偿部分;草原牧养量不应超过草原的载畜量;地下水的抽取与地下水的补给应保持稳定的动态平衡等。

(5)环境保护与发展之间的均衡。环境保护不是一种消极的人类行为,原始自然环境生产力极为低下,支撑不住庞大的人类社会,因此环境保护同时还意味着人工自然环境的建设,而具有较高生产率的人工环境的建设必须建立在环境保护与发展的均衡点上。

(6)效率与公正之间的均衡点。这是持续农业所追求的社会目标与伦理规则,效率与公正是一对更深层次的矛盾,它关系到人类的自然环境利用效率和优化配置等一系列与农业持续发展密切相关的问题。

(二)资料准备

1.图书馆或资料室

利用图书馆或资料室的书籍或报刊,查找有农业可持续发展的知识、案例等信息资料。

2.电脑、网络、新媒体

利用电脑上网或利用手机上 Wifi 等,查找有关农业可持续发展的知识、案例等信息资料。

3.教师准备的资料单

关于农业可持续发展目标、途径以及确认农业是否实现可持续发展的标准和依据的相关文章。

二、任务设计与实施

【任务设计】

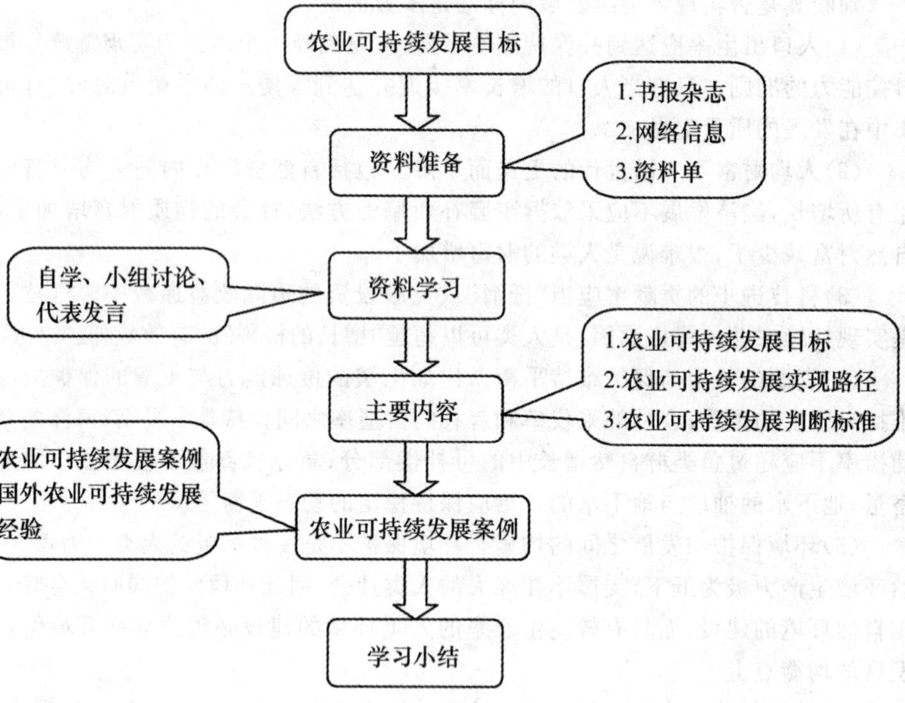

【任务实施】

(一)导入案例

【案例一】

耕地质量:农业可持续发展的“基石”

为依法加强对耕地质量的建设与管理,甘肃省于 2011 年 1 月 15 日起正式实施《甘肃省耕地质量管理办法》(以下简称《办法》),该《办法》理顺了耕地质量管理体制,明确了耕地质量执法主体,明确规定,省农业行政主管部门负责全省耕地质量保护建设工作,县级以上农业行政主管部门负责本行政区域内耕地质量的保护建设与监督管理。国土资源、环境保护、水利等行政主管部门按照各自职责,做好耕地质量保护和建设工作。同时,建立耕地质量等级认定制度,严格落实占用耕地补偿制度，防止占多补少、占优补劣，从而确保耕地占补平衡。该《办法》还明确了多项提高耕地质量的政策措施，规范了耕地质量管理措施。

（资料来源：http://gsrb.gansudaily.com.cn/system/2012/09/24/012939258.shtml）

【案例二】

农牧结合获取农业生产发展和生态文明多种效果

推行农牧结合的生产模式，不仅有效减少畜禽粪便和农用化肥的双重污染，而且大大节约了农业资源，拓展了农业生产空间，提升了农产品质量档次，促进了生态平衡和资源的有效利用。

农牧结合，双重减少农业污染，节约资源投入。2006 年浙江省化肥使用量（标准量）448 万 t，畜禽粪便产生量 3 000 万 t。畜禽粪便的资源化利用率平均 70%左右，尚未利用的畜禽粪便约 900 万 t 以上；化肥当季平均利用率为 30%～50%。如果推行农牧结合模式，配套沼气工程等将畜禽排泄物适当无害化处理，将畜禽粪便直接或间接以有机肥形式使用到种植业上。据全省成功的实践测算，畜禽粪便的资源化利用率可达 95%以上，全省排放或需要工业处理的畜禽养殖污染可减少 750 万 t；同时化肥施用量可以减少 20%以上，节约化肥 100 万 t 左右，化肥面源污染也可相应减少，节能减排效益十分显著。

农牧结合，实现畜禽养殖污染零排放，大大拓展了畜牧业生产空间。2006 年全省粮食面积 2 266 万亩，茶园 238 万亩，果园 451 万亩，蔬菜种植 1 000 万亩，花卉苗木 161 万亩，油料作物 373 万亩。根据各地实践，茶园、果园、蔬菜园可以基本上全部使用有机肥，每亩园地至少可资源化利用 3 头生猪的粪便，因此全省茶园、果园、蔬菜园理论上可以消纳 5 000 万头生猪的粪便，而 2006 年全省生猪饲养量为 3 100 万头。根据测算，按目前农户使用习惯，在科学配合使用化肥、有机肥的情况下，全省至少可以资源化利用畜禽粪便 4 200 万 t 以上，而全省目前畜牧业畜禽排泄物产生总量 3 000 万 t。只要全面推进农牧结合，科学布局畜牧业生产选址和规模，畜禽养殖排泄物完全可以实现全部资源化利用和污染零排放。

农牧结合，改善土壤地力，促进有机农业发展。根据典型分析，农牧结合在减少畜禽排泄物的排放和污染，减少化肥使用和污染的同时，可以起到明显改善土壤结构、缓解土地板结，提高土壤肥力的效果，同时可以明显提高农产品的产量和质量。我省大部分山区丘陵地区土壤比较贫瘠，使用有机肥后，很多山区已经开发成高产的茶园、果园、雷竹笋园，茶叶可增产 15%左右，橘园、梨园等增产 10%以上，品质明显改善，种植增效 15%～20%。

（资料来源：http://www.360doc.com/content/11/1031/10/1835276_160488032.shtml）

(二)案例分析

1.耕地是农业生产的基本资源

该《办法》的出台标志着甘肃省省耕地质量管理工作步入法制化轨道，是耕地质量建设管理与保护工作中的一项重大制度创新，将对依法管理和保护耕地，维护农民合法权益，促进农业可持续发展产生重大影响。

2.农业生产是一个生物转化过程

一部分农业投入品（饲料和肥料等）被动植物转化成农产品，还有一部分没有被转化的投入品（饲料约30%、肥料50%～70%）分别以畜禽粪便和秸秆等富营养物质形式排放到环境中，造成越来越严重的农业污染，一定程度上已经影响到生态平衡，农牧结合，废弃物资源化利用是一条生产持续提升，生态改善的科学和谐发展之路，也是农业生产可持续发展的表现。

(三)任务实施与组织

(1)安排学生课前预习农业可持续发展目标、途径及判断标准等有关内容。

(2)在教师的指导下，通过多种信息渠道查询资料。关键词有：农业、持续农业等。

(3)通过实地考察与社会调查，以书面报告形式分析我国农业在资源约束、环境污染、生态退化、机制不全方面的具体表现，并拿出推进农业可持续发展战略的主要措施。

(4)在上述基础上，经过小组讨论，通过头脑风暴法扩大学习成果，并集中集体智慧完成一份较好的当地区域农业可持续发展方案。

(5)每组选一个代表，在全班讲解“当地区域农业可持续发展方案”的形成、思路、学习收获，组员补充收获的内容。

(6)教师组织发动全班同学讨论、评价各小组的学习情况，达到全班同学共享学习资源和收获体会，巩固所学的知识内容。

三、学习拓展

(一)美国农业可持续发展的三驾马车

1.美国政府对农业的扶持是美国农业实现可持续发展的重要保证

一是法律先行，构建较为完善的政策扶持体系。19世纪30年代美国国会通过了第一部《农业调整法》，70多年来，美国政府根据农业发展状况，在农产品价格、环保、保障农民收入、税收优惠、金融保险等方面不断调整完善农业法案，形成了一整套较为完整的政策扶持体系。这套法律体系每 5 年修订一次，确保了政策扶持体系的完整性和可行性。

二是政府补贴力度大、范围广、持续时间长。主要通过生产支持、价格支持和收入支持体现，包括固定直接补贴、反经济周期补贴、贷款差额补贴、平均作物收入选择补贴（农作物收入支持）、灾难救助、土壤保持等内容。

2.美国健全的农村金融体系是美国农业长盛不衰的重要工具

美国农村金融经过多年发展，形成了包括政策性金融、合作性金融、商业性金融以及农业保险在内的全方位、多层次、分工合理的农村金融体制。其中主要的农业信贷(64%)来自于银行、保险公司和其他的私人资本。美国农业部为农民提供直接贷款(4%)，为部分私人农业贷款提供担保(4%)。政府为农村信贷系统和其他的政府扶植企业提供免税和其他福利，鼓励他们向合格的农场发放商业贷款。

政策性金融。该贷款由美国农业部负责，分为两类：一是向弱势农场、信用记录差的农民、新农场直接发放贷款或提供担保。每年贷款或担保的资金总量近 170 亿美元，用于购买农用设备利率仅为 1.7%，用于购买房屋、土地的贷款利率为 2%，均低于商业贷款利率，贷款期限最长可达 40 年。二是向小城镇建设、新技术推广、新能源转化等项目直接发放贷款或提供担保。

合作性金融。政府扶持，由农业信贷合作协会直接面向农场主发放商业贷款。该协会已有 90 多年历史，贷款总额达 12 000 亿美元。每个农场主都是其股东，资金来源主要由联邦农业信贷银行融资公司帮助发行债券融资，合作社以土地作抵押。

商业性金融。商业银行在该体系中的作用，已由传统的信贷业务逐步转为向农场主提供咨询服务、专业农场管理、土地租赁及房地产评估等中间业务。在美国，55%的农场主不从事任何农业生产，其拥有的农场主要由商业银行为其提供专业服务。包括选择农民、租赁谈判、农作物种植计划、选种购买、监督生产、农业资本投入（包括灌溉系统、农用机械、仓库建设）、农产品销售、环境和土壤保护到商业地产计划（包括继承计划）等。

农作物保险。主要包括冰雹保险、多重风险农作物保险和天气保险三大险种。

3.美国农场加农业合作社体系是美国农业生产良性发展的重要基础

一是农场生产。美国的农业生产一直以来都是农场生产，目前美国 210 万个农场，每年创造的农业产值近 2 000 亿美元，其中 10%由 389 个大农场贡献，40%由中等规模的 33 696 个农场贡献，其余由 200 万个农场贡献。

二是技术含量高。从分析土壤墒情、土地休耕、田间施肥都通过 GPS 定位分析细化每块土壤以及该土壤中每块土地的具体肥料配比等。

三是投入力度大。美国农业高投入、高产出，生产机械化、智能化，生物技术广泛应用。伊利诺伊州一个农场，耕种面积 728 hm^2，种植转基因大豆和玉米。农场只有农场主和一个全职工人，拥有数百万美元资产，仅农业机械等资产超过百万美元。

四是农业收益高、抗风险能力强。农场主处于中产阶层的中上水平，农场主收入加上政府补贴，使得农场主平均净收入在 2001—2008 年间达到 9.6 万美元，远高于美国家庭年收入 5 万～6 万美元的平均收入。同时，农场主拥有的土地、农用机械等大型设备以及政府给予的农作物保险较高的补贴，增强了农业抗风险能力。五是合作社贯穿农业产业链条。据统计，2009 年美国农业合作社 2 389 个，会员 220 万人，总资产达 612 亿美元，实现净产值 238 亿美元。全年实现营业收入 1 702 亿美元，税前净收入 44 亿美元。吸纳全职员工 12.2 万人，临时雇工 5.78 万人。美国的农业合作组织形式多样，既有市场推广合作社，又有市场议价合作社以及农场供给合作社，但不论哪种形式的合作社，都为了获得持久的竞争优势，为成员利益服务。

（资料来源：http://mall.cnki.net/magazine/Article/NYFZ201202038.htm）

（二）荒漠化与可持续发展

荒漠化是指由于气候和人类活动等因素所造成的土地退化。荒漠化作为一种自然灾害，包括土壤风蚀和水蚀等外力因素造成的土壤退化，也涉及人类滥垦滥牧所导致的水土流失和环境生态破坏，使可利用耕地逐渐粗化，土壤肥力下降，土地生产力下降，造成农业减产，粮食歉收，严重地阻碍了区域农业生产的可持续发展，而且对人类生存环境也有着深刻的影响。

使农田表层肥沃的细粒物质损失殆尽，导致荒漠化形成与扩张的原因，是由于使用土地不当或其他因素造成的荒漠生态系统（包括沙漠、戈壁系统、干旱、半干旱地区的草原系统、森林系统和湿地系统）的破坏所致，是对该系统中的水资源、生物资源和土地资源强度开发利用而导致系统内部固有的稳定与平衡失调的结果。比如，在历史时期，黄土高原属于森林草原地带，但由于人类的剧烈活动，黄土高原如今到处千沟万壑，成为地球上荒漠化最严重的地区之一。

目前全球 1/5 人口，1/3 土地受到荒漠化的影响。中国荒漠化土地面积为 262.2 万 km^2，占国土面积的 27.4%。当前我国沙漠化土地面积正以每年 2 460 km^2 的速度扩展，而且还有加速扩大的趋势。由于荒漠化现象加剧，导致众多湖泊、湿地面积缩小，甚至干枯。

荒漠化造成的严重恶果和扩展趋势，引起国际社会的极大关注。1992 年 6 月世界环境和发展会议上，已把防治荒漠化列为国际社会优先发展和采取行动的领域，1994 年 6 月 17 日通过《联合国关于发生严重干旱或荒漠化国家防治荒漠化公约》，并于 1994 年 12 月联合国大会通过决议，从 1995 年起，把每年的 6 月 17 日定为“全球防治荒漠化和干旱日”。

我国针对荒漠化严重的状况采取的措施很多，如“三北”防护林体系建设工程，“退耕还林”工程，封沙禁牧、围栏封育、合理用水、生态移民等措施，保护现有的自然资源，恢复林草植被，科学合理的利用生态资源，以实现人口、资源和环境的协调发展。

(三)国外可持续农业发展的模式

1.以生态环境保护为主要目标的持续农业

美国是世界上最早倡导持续农业的国家，在探索替代农业的过程中，先后提出过“低投入持续农业(LISA)和高效率持续农业(HESA)”的构想，主张持续农业应是一种力求为农场主利用农业投入，以提高收入水平和改善环境状况而提供最适条件 农业。LISA 的主攻目标是建立一种能够保护农业生态环境的农业生产体系，并以立法的手段予以公布和实施。已实践中广泛实施的具体模式有：农作物合理轮作模式、种植业与畜牧业综合经营模式、以生物防治为主的病虫害综合防治模式和主要利用农场内部有机肥培肥土壤管理模式等。实践证明，农业持续发展的效果良好，但其生产效率相对较低。因此，后来又提出了 HESA 模式，该模式注重农业的生态原则和对农业生产各个环节的科学管理，强调依靠科技进步来促进农业生产效率的大幅度提高，通过合理地研究和使用化学制品，来减少环境污染，切实保护生态环境质量，为农业可持续发展创造良好的物质条件。

2.以合理利用资源和保护环境为重点的持续农业

持续农业主要是一些人多地少的发达国家，针对在现代化农业发展过程中所面临的许多生态环境问题，而提出来的持续农业发展模式。例如，日本从 20 世纪 50 年代进入重化学工业发展阶段，伴随着经济的高速增长，农业机械化、化肥化和高收益化迅速发展，同时也引起土壤和水质污染、自然环境和生态破坏等严重问题，曾被世界斥之为“公害大国”。因此，进入 80 年代，农林水产省正式提出“绿色资源的维护与培养”，开始强调农用耕地及森林利用的外在性价值，并注重对资源的合理利用和环境的有效保护，选择“环境保全型农业”的发展道路。该模式主张以有机物还田与合理轮作为基础，通过对人工合成化学制品的限制利用和生物肥料、生物农药的大力开发与扩大应用，把资源永续利用和环境保护，同提高农业生产率紧密结合起来，促使农业的可持续发展。

3.以促进农业综合发展为目标的持续农业

这种模式以德国为代表。德国是世界上生产和使用化肥、农药最多的国家，虽然农业现代化获得了持续增产的高产，但也带来了诸如水源污染与环境破坏、农产品质量下降和生产过剩的问题。在此情况下，德国提出了“综合农业发展模式”。其主要内容：一是综合农业与生态系统平衡。综合农业的实施以不破坏自然环境为前提，而且必须与生态系统要求的平衡过程相一致；二是综合农业与土壤保护。农业经营要因地制宜、合理轮作，注意施用钙肥，防止土壤流失，实行综合植保；三是综合农业与水源保护，措施包括：合理规划农田，避免在水淹区进行耕作；在水域周围建立保护绿地，保留和设置田埂；通过合理栽培，保护土壤、涵养水分；实施最佳施肥方法等；四是综合农业与经济。发展综合农业必须协调好经济效益和环境保护等多方面的关系；发挥政府宏观调控作用，并根据不同时期的社会经济状况来具体实施。

4.以减轻资源环境承载压力为前提的持续农业

这种模式以印度为代表。印度政府于1986年颁布了《环境保护法》，从1988年起实施“新农业发展战略”或称“第二次绿色革命”。1992年农村发展部针对十分严重的环境问题，提出了“印度持续农业发展的途径”的报告。要求包括生态、经济、社会与文化等各个领域都必须同环境保护结合起来，走以减轻资源环境压力为前提的成本低、能源效率高和生态环境优良的持续农业发展道路。在实践中采取了多种具体的措施：包括推广使用生物肥料和生物农药，实施持续农业的能源计划，实行典型地区（喜马拉雅山地区）生态保护计划，推广采用新农业技术的“模范村”，推行以生物技术为主导的第二次“绿色革命”。

本项目评价反馈

一、自我评价

1.为了可持续农业的学习任务，你都做了哪些准备？

(1)查找了哪些资料？

(2)你有哪些看法？

2.运用所学的知识，分析你熟悉的可持续农业方面的实例，体会可持续农业在资源与环境保护和有效利用上的意义。

3.通过自学、讨论和调研，你有什么收获？

二、小组评价

从学习态度、学习方法、团队合作和学习能力的提升等方面评价。

序号	评价项目	评价情况
1	与其他同学口头交流学习内容是否流畅	
2	是否尊重他人	
3	学习态度是否积极主动	
4	是否服从教师的教学安排	
5	是否能保持学习环境的干净整洁	
6	是否遵守学习场所的规章制度	
7	是否达到全勤	
8	团队学习中主动与合作的情况如何	

参与评价的同学签名________________

三、综合评价

1. 教师评价

(1)对整个学习内容的小结归纳；

(2)对学习过程的总体评价。

教师签名________________

2. 学生评价

(1)对教师授课效果的评价；

(2)对学习效果的评价。

学生签名________________

参考文献

[1] 高翔云，汤志云，李健和，等. 国内土壤污染现状与防治措施 [J]. 环境保护，2006 (4)：50-53.

[2] 刘黎明. 土地资源学 [M]. 北京：中国农业大学出版社，2010.

[3] 郝玉华，袁桂英. 土壤肥料 [M]. 北京：高等教育出版社，2008.

[4] 国土资源部，国家统计局，国务院第二次全国土地调查领导小组办公室. 关于第二次全国土地调查主要数据成果的公报 [EB/OL]. (2013-12-31). http://www.gov.cn/jrzg/2013-12/31/content_2557453.htm

[5] 王敬国，张玉龙. 资源与环境概论 [M]. 北京：中国农业大学出版社，2011.

[6] 聂呈荣，崔志新，吴文花. 农业环境资源保护 [M]. 北京：化学工业出版社，2008.

[7] 张从，肖玲，张宝莉. 农业环境保护概论 [M]. 中国农业大学出版社，2010.

[8] 赵晓明，董育新，王一函. 大气污染物的综合防治 [J]. 承德民族师专学报，2005，25 (2)，61-62.

[9] 李培香，徐玉新，王启等. 农业环境污染防治技术 [M]. 北京：中国农业出版社，2006.

[10] 杨晓光，李茂松，霍治国. 农业气象灾害及其减灾技术 [M]. 北京：化学工业出版社，2010.

[11] 方嘉禾. "八五"作物品种资源研究进展. 北京：中国农业科学技术出版社，1998.

[12] 刘旭. 作物种质资源与科技革命 [J]. 中国农业科技导报. 1999 (2)：31-35.

[13] 付柳松. 农业环境 [M]. 北京：中国林业出版社，2000.

[14] 皮广洁. 农业资源利用与管理 [M]. 北京：中国林业出版社，2002.

[15] 王朝金. 农业资源利用与环境保护 [M]. 北京：经济科学出版社，2000

[16] 覃龙华，王会肖. 生态农业原理与典型模式 [J]. 安徽农业科学，2006，34 (11)：2484-2486.

[17] 陈阜. 农业生态学 [M] 北京：中国农业大学出版社，2011.

[18] 张义丰，王化信. 农业资源的综合利用与农业可持续发展 [J]. 核农学报，

2003，17（2）：160-164.
[19] 刘彦随，吴传钧．国内外可持续农业发展的典型模式与途径 [J]．南京师大学报：自然科学版，2001，24（2）：119-124.
[20] 李彦，贾曦．我国农业资源的利用现状及可持续发展对策 [J]．安徽农业科学，2007，35（32）：10454-10456.
[21] 黄国勤．农业可持续发展导论 [M]．北京：中国农业出版社，2007.
[22] 朱正威，赵占良．生物 [M]．北京：人民教育出版社，2007.